De Transferenda Ad Firmarium Advocatione, Ex VII Potissimum Cap. X De Jure Patr. (Iii, 38) Explicata

Adolf Wach

DE TRANSFERENDA AD FIRMARIUM ADVOCATIONE,

EX VII. POTISSIMUM CAP. X DE IURE PATR. (III, 38) EXPLICATA.

DISSERTATIO INAUGURALIS

QUAM CONSENSU ET AUCTORITATE ILLUSTRIS IN ACADEMIA ALBERTINA IURECONSULTORUM ORDINIS AD SUMMOS IN UTRÓQUE IURE HONORES RITE CAPESSENDOS

ANTE DIEM XIV. CALENDAS DECEMBRES

H. L. Q. C.

IN PUBLICO DEFENDET

AUCTOR

ADOLF WACH.

ADVERSARIORUM VICES OBTINEBUNT:

ANGUS DOUGLAS, REG. TRIB. Ausc.
RUD. REICHAU, STUD. IUR.

REGIMONTI PR.

TYPIS ACADEMICIS DALKOWSKIANIS.

MDCCCLXV.

GUSTAVO ARNDT

CULMENSIS REGII IUDICII DIRECTORI AMPLISSIMO,

VIRO ERUDITISSIMO,

FAUTORI DILECTISSIMO,

HUNC LIBELLUM ACADEMICUM

PIO GRATOQUE ANIMO

D. D. D.

AUCTOR.

Antequam ad rem ipsam aggrediamur paucis exponendum mihi videtur esse, tanquam excusandi caussa, non ut moris tralaticii est utque quasi legibus academicis iubeor doctoralem dissertationem meam — quae erat de iuramento promissorio — literis illam quidem compositam typis expressam me in lucem edidisse. Itaque haec prius breviter strictimque attingere non supervacaneum esseduxi, hanc dissertationem antea a professoribus ill. examinandi caussa a me prolatam esse. Altero autem loco obiter illud attendendum esse putaverim, in hac dissertatione proposita lectores benevolos non offendi in me, quod quoniam in hac typographia parum uberi literae ipsae Anglosaxonicae non in promptu erant, minus libenter quam necessario supplendi caussa ad literas Graecas Latinasque confugerim: et ita confugerim ut ∂ l. latinasque th pro literis ipsis Anglisaxonicis illis posuerim. Neque minus tertio loco id observandum esse arbitratus sum, bibliothecam publicam in hac dissertatione mea non minus negotia mihi facessisse quam typographiam, quam modo diximus. Nam quum alios libros multos maximo cum disiderio requisivi, uti Bracton de legibus et consuetudinibus Angliae, tum vero illud aegre tuli, quod de tota collatione monumentorum Anglicorum a collegio illo collocata, quod Anglici Record-Commission vulgo vocant, nihil aliud comparare mihi licuit, quam Ancient laws, scriptores rerum Britannicarum et Kemble cod. diplom. Houard, traités sur les coutumes Anglo-Normandes quem quidem librum per bibliothecae Berolinensis regiae liberalitatem inspicere mihi licebat. Quibus rebus breviter praemissis ad ipsam disputationem meam iam veniamus.

Gravissimum illud est maximeque mirum, quas epistulas Reymundus a Pennaforte in decretalium collectionem de iure patronatus recepit, omnes fere ad praelatos Anglicos missas esse. Qua in re nihil forte fortuna accidisse eo magis elucet, si, advocatio quae ac qualis in Anglia fuerit, accuratius animo reputaveris. Ibi enim ius cognoscendi de advocatione penes regem tanquam universae ecclesiae patronum erat saecularibusque legibus potius quam ecclesiasticis patronorum iura constituebantur. Hinc maximum illud silentium, quo in antiquis Britannorum conciliis ea praetermittantur, hinc perpaucae illae posteriore] tanpore de iis constitutiones, hinc summae ecclesiae molestiae, hinc acerrimae illae inter clerum regemque controversiae. Quumque iam pridem in continenti res spirituali annexas ecclesia sub arbitrium suum ac libidinem redigisset, ibi nihil aliud efficere potuit, quam ut regni praerogativam etiam atque etiam posceret atque flagitaret. Eius modi epistula quoque illa Alexandri III ad Anglorum regem missa [1]) fuisse putanda est, qua ius cognoscendi de advocatione ecclesiae vindicabat. Sed ne hic quidem quidquam impetrare potuit. Nam reges ut antea ita tum de iure suo ne minimum quidem detrahi aut imminui voluerunt. Quae res quantum ad epistulas decretales, quas supra commemoravimus, facilius intellegendas pertineant, haud difficile est cognitu. Quam non autem viri doctissimi adhuc illa re usi sint ex septimo potissimum capite de iure patr. disserendo apparebit. Quod ipsum quoque ad praelatos Anglicos missum ad res Anglorum proprias peculiaresque referendum est.

---

1) Cap. III X de iudic. (II, 1).

Ut primum in lucem illud prodiit, quantum ius patronatus ad emphyteutam, usufructuarium, conductorem, creditorem pignoraticium transferatur in eo quasi firmissimo fundamento continetur atque suffultum est. Cap. enim XIII. X. h. t. et XVIII. X. de sent. et re iud. auxilii tantum atque subsidii causa assumebantur[2]), quorum uno praescriptum est, ut vasallus ius patronatus acquireret, altere valde ambiguo ut quasi in transcursu de iuris illius possessione decertaretur. Ex septimo igitur capite quaestio illa diiudicanda esse videbatur. Verum enim vero vix fere ullum alium locum fontium tam leviter strictimque pertractatum iuvenias omnibusque subsidiis destitutum gravioribus. Eteium usque ad hoc tempus cuncti quum totam quaestionem inde reptere solerent, quod pontifex in decretali illo de patronatu ad firmarium translato iudicaret, quemadmodum quisque firmarii ius sua mente percipiebat atque interpretabatur, ex epistula illa vel plura vel minora conicienda sibi esse putabant.

Atque ex Innocentii quidem IV.[3]) tempore communis opinio in illorum sententia expressa atque efficta est, qui quum firmam dominium utile intellegerent, in canone VII nihil aliud cautum esse credebant, quam ut in eum, cui ius in re concessum esset, ius patronatus transferretur. Nec tamen defuerunt, qui illorum opinionem repugnarent, qui, ut iam Abbas, firmarium conductorem quemlibet intellegi vellent. Quod quidem maxime, ut supra accuratius videbimus, a doctoribus fidem protestantium professis defensum atque sustentatum, ex parte aliqua in usu quoque forensi versabatur[4]), unde Brocardicum illud, omnino ius patronatus, nisi exceptum sit, cum universitate transire.

Quae res etsi nostra aetate iam plurimis legibus statuta ad liquidumque perducta est, tamen, quoniam illae ad singulas quaeque terras valent, ab usu forensi causisque publicis non omni ex parte aliena videtur esse. At etiamsi aliter se haberet, hoc quidem certum est, ipsi perscrutanti cuique res gestas et

---

2) Cf. infra N. III.

3) Cf. infra N. IV.

4) Cf. infra p. IV.

iucundam eam intellectu et gravem esse cognitu debere. At Panormitani illud[5]) et hodie quoque constat: *est* (cap. VII) *notabilis casus et quotidie allegatur.*

Utra igitur opinionum illarum rectior sit, quibusque argumentis quam pravis ac mancis illae utrimque confirmari coeptae sint, enixius iam perscrutandum nobis ac decertandum est. Quod facillime et confidentissime consequi posse mihi videor, si locum illum (cap. VII.) quasi *κατα ποδας* tortuosius ita quidem minusque nitide sed aptius certe rei explicabo.

I.

De personis et loco, de quibus in cap. VII. X de iure patr. agitur.

Ac primum quidem in decreto illo exponendo, de inscriptione, si placet, nonnulla afferre libet.

Etenim Alexander III pontifex scribit: Herfordensi episcopo et abbati de Forde. Ita epistula in plurimis codicibus editionibusque decretalium inscripta est. At in nonnullis sic invenitur: H. Efordensi, in aliis J. de Herford[5a]). Neque dubium est, quin illud H. Efordensi[6]) nihil sit aliud, quam adiectivum Hefordensis distractum atque divulsum. Hefordensis vero episcopus idem intellegendus est atque Herefordensis, ordinarius dioecesis eiusdem nominis, Cantuariensi archiepiscopo subectae[7]). Hereforda enim primarium est oppi-

---

5) In lectura insig. D. abbatis Panormitani sup. tertio decretal. cum casib. Bernardi et cum summariis Aen. de Falconib. de Mauliano ad c. VII cit.

5 a) Decretal. Gregor. a. 1511 id. April. Paris. cap. Thielmann Kerner.

6) Ita legimus in comp. I, quam lectionem Gonzalesius quoque in comm. perp. ad c. VII cit. sequitur.

7) Radulfus de Diceto histor. compend. de regib. ap. Gale hist. Britann. Oxon. 1691 tom. I p. 560 et p. 562: in *Herefordensi habetur episcopus habens dimidium pagium i. e. Schirae Scrobesburiae et partem Warewicensis et Glocestrensis possidens in Hereforde.* Cf. Willielm. Malmesb. de gestis pontif. Anglor. ap. Henric. Savile rerum Anglic. script. Frankof. 1601 p. 285 sqq.

dum in agro Herefordensi situm[8]). Quis vero et qui ille episcopus fuerit parum constat. Schillingius[9]) scilicet de hac re universa certior factus est, quippe qui dicat, Henricum quendam eum fuisse. At, ni fallor, Alexandri III aetate nemo eo nomine unquam illius dioecesis episcopus consecratus est. Nam Gilebertus Foliot[10]) et Robertus de Meleduno[11]) et Robertus Foliot[12]) deinceps se exceperunt. Quorum unus, qui prius Gloverniae abbas fuerat, postea Londoni episcopus Sanctique Thomae inimicissimus Alexandrum ad sedem apostolicam provectum viderat[13]), tertius huius ipsius superstes erat[14]). Exstinguenda est igitur ac tollenda Schillingii temeraria illa

---

8) Cf. Joh. Bromton. Chronicon ap. Twysden hist. de Anglor. Script. Lond. 1652 p. 753.

9) Der kirchliche patronat nach kanonischem rechte. Leipzig 1854. p. 22 adn. 99: das letztere (scil. cap VII. cit.) ist ein rescript des genannten papstes an Heinrich, bishof von Hereford und den Cistercienserabt von Forde.

10) Qui ab a. 1148 usque ad a. 1163 sedem obtinuit, de quo autem a. 1148 scriptores dubitant. Matth. Paris. in hist. Anglor. (Paris 1644) p. 55 col. 2 annum consecrationis 1146 tradit, Gervasius in Chronico (Twysden l. c. p. 1364) a. 1147. Egomet autem historiam monasterii S. Petri Gloncestriae (Lond. 1863) ad a. 1148 secutus sum, qua etiam annales Waverleienses (Gale l. c. tom. II, p. 186) et annal. de Theokesberia (annales monastici ed. by Henry Rich. Luard. Lond. 1864. p. 47) conveniunt.

11) Annal. Waverl. ad a. 1163 (Gale II p. 159), Matth. Paris l. c. p. 76, ubi in epistula Alexandri III illud R. intelligatur *Robertus*; item in insequenti epistula Gileberti episcopi. Annus mortis ejus in annal. de Theokesb. exstat 1167 (l. c. p. 50): *Robertus ep. Heref. obiit IV. Kal. Mart.* Quod nullo alio in fonte confirmatum inveni. Sed iam a. 1168 Robertus ille in epist. ICti Thomae commemoratur, cf. Wilkins concil. magna Britan. Lond. 1737 tom. I p. 455.

12) Qui a. 1173 electus (cf. Matth. Paris l. c. p. 88 col. 2. Igitur illud Ric. Hereford. ep. ap Gervasium l. c. p. 1424 in Robertum corrigendum est. Cf. quoque Rad. de Diceto ap. Twysden l. c. p. 582 qui vero tempora confundit et Rog. de Hoveden annal. ap. Savile p. 537) et insequenti anno consecratus est cf. Chronic. Thomae Wikes ad a. 1174 ap. Gale l. c. tom. II p. 32.

13) Plura de eodem vid. Gervasium l. c. p. 1378 sqq.

14) Excipit eum, Alexandro iamiam mortuo, a. 1186 Guillelmus de Ver., cf. Annal. de Theokesb. ad a cit. p. 53.

coniectura, ad quam perversa collectionis primae lectione videtur inductus esse[15]). Et vero, quum, quando locus ille scriptus sit reperiri nullo modo possit, (nam in acta concilii Later. III. eum receptum esse[16]) inde parum colligere possumus[17]) quis ille episcopus fuerit, ut supra dixi, prorsus abditum latet.

Neque magis de abbate de Forde constat[18]). Hi duo praelati, ad quos saepius Alexandrum epistulas misisse legimus, ut in bulla quadam a 1181 scripta[19]), in cap. VII. X de test. et attest.[20]), in cap. VI X de iure patron.[21]), in hac decretali epistula delegati pontificis vocantur, quibus ita rescribit[22]):

> Ex literis J. Salabriensis episcopi accepimus, quod defuncta persona ecclesiae de Laton. G. miles, qui villam in qua ecclesia sita est, a monasterio de Vinton. ad firmam tenebat, ad eandem vacantem G. clericum praedicto episcopo praesentavit. Postmodum abbatissa praedicti monasterii ad episcopum veniens, alium praesentavit eidem ad ecclesiam supra scriptam: quo nolente praesentatum ab ea recipere apud Cautuariensem archiepiscopum gravem de episcopo deposuit quaestionem. Archiepiscopus, quia visum sibi erat, quod factum militis super praesen-

---

15) Lectionem J. de Hereford falsam esse ex rebus supra allatis liquet.

16) Mansi collect. concil. tom. XXII p. 337. Cf. adn. ad cap. VII cit. in decret. edit. Venet. 1600. 4.

17) Maxime doleo, quod Oesterley ICtus, (de iuris patronatus notione, Gott. 1824 p. 79), qui hanc constitutionem a. 1180 scriptum esse affert, fontes, ex quibus hoc eruit, ne verbo quidem attigit. — Jaffé autem in reg. pontif. p. 805 negat de tempore editionis se quidqum compertum habere.

18) De ejus monasterio cf. Gonz. de Telles l. c. ad cap. VII not. a. — Quodsi revera constitutio Alexandri non multo ante annum 1179 conscripta esset, illum abbatem Balduinum, anno 1180 a Ricardo Cantuariensi archiep. ad regimen Wigoriensis ecclesiae consecratum, fuisse conicio. Cf. Annal. Waverl. ad a. 1180 p. 161. Gervas Chronic. l. c. p. 1457.

19) Exstat in historia monasterii S. Augustini Cantuar. by Thom. of Elmham ed by C. Hardwick Lond. 1858. p. 442.

20) In quo cap. secundum append. Later lectionem, quae lectione collect. Lips. etiam adiuvatur, pro illo: *abbati Sardi* legendum est: *abbati de Fordé.*

21) Ubi iterum appendicis lectionem sequentes legimus: *Herefordensi ep. et abbati de Forde.*

22) Sequor in textu edit. decretal. ab Aemilio Richter curat. Lips. 1839.

tatione praefata nullius esse momenti, praedicto episcopo in virtute obedientiae iniunxit, quod personam illam reciperet et in possessionem iuduceret, quam abbatissa sibi decreverat praesentandam: (et infra:) Mandamus, quatenus, si vobis constiterit, quod praefato militi praescripta villa non excepto iure patronatus ad firmam concessa, vel antequam de iure patronatus inter abbatissam et militem controversia esset suborta, praefatus G. de Leicestria in praescripta ecclesia per episcopum ad praesentationem militis institutus fuisset, ei dummodo alias sit idoneus adiudicetis ipsam ecclesiam ita, quod si abbatissa obtineat adversus militem, illi de temporalibus debeat respondere.

Dividitur igitur ut Panormitanus maxime probat, in partes duas epistula, quarum in altera caussa ipsa decidenda in altera pontificis sententia atque mandatum continentur. Quae quum ita sint, ad rationem dilucide institutam planumque ordinem prius de priore disserere mihi in animo est.

Priusquam vero ad ipsam speciem facti aggrediamur, antea de regione, in qua agitur, et de personis, quae agunt, paucis disputare placet. Quae enim etsi ad cap. ipsum perspiciendum non multum valent, tamen propter errores de hac re pervulgatos non prorsus omittenda esse putamus.

Exorditur autem pontifex epistulam: ex literis J. Salabriensis episcopi accepimus, quem virum Ganzalesius Joannem Salesbiriensem intellegit [23]). Nemo autem regnante Alexandro eo nomine episcopus Salesbiriae inveniri potest. Jocelinus potius de Balliol ille accipiendus est, quoniam per totum illud tempus (ab a. 1142 [24]) usq. ad a 1184 [25]) sedem episcopalem

23) l. c. ad cap. VII cit.

24) De eo anno consecrationis cf. Annal. de Margan. ad a. cit (annal. monastici p. 14); Johann. prior. Hagustald. (Simeonis Dunehm. hist. cont. ap. Twysden l. c. p. 266) Jocelinum archidiaconum Wintonensem Rogero iam a. 1139 successisse tradit. Quod tamen suspectum iudico. Cf. enim ann. Waverleicus ad a. 1139, a. 1140 (Gale II p. 153 sqq.) et ann. de Theokesb. ad eosd. annos.

25) De anno mortis quoque scriptores inter se discrepant. Secutus sum Radulfum de Dic. Ymag. hist. (Twysden p. 625): obiit 14 Kal.

Salesbiriensem obtinuisse illum certis auctoribus constat[26]. Ad quem[27]) quidem miles et abbatissa accesserunt, quasi ordinarium, ut clericos ille ab iis praesentatos institueret. Itaque villam illam in eius dioecesi sitam esse patet et monasterium quoque eiusdem iurisdictioni subiectum fuisse conicere velim, nisi forte exemptum fuit. Quod num verum sit, ex coenobii nomine apparebit.

Nam in permultis codicibus editionibusque legimus: a monasterio de Vīton, quod omnes fere interpretes monasterium de Vinton intellegunt, quamquam eodem iure de Vilton accipi potest. Pontificem vero monasterium Vintonense non dixisse mox viderimus. Etiamsi enim Vintoniae duo coenobia exstiterunt, unum iam eam ob caussam mittamus, quod monachorum[28]) erat, alterum vero, quod erat virginum, duabus rationibus illud monasterium non esse confirmari censeo. Primum in appendice Later. exstat Wilthon, in collectione Lips. Winilton, quod idem est. Deinceps, id quod gravissimum est monasterium Viltonense ab Edgaro constitutum[29]) ipsum quo-

---

Dec. 1184. Cf. quoq. Chron. Thom. Wikes (Gale II p. 33): a. 1184 obiit et Joscelinus Sarum episcopus recepto prius habitu monachorum Cisterciensium.' Cf. ann. de Theokesb. ad a. 1184 (l. c. p. 53). Eum a. 1183 mortuum esse affert Matth. Paris l. c. p. 98. Ab auctore autem annal. Waverl. traditur eum demisso episcopatu a. 1184 factum esse monachum ordinis Cisterciensis.

26) De eius societate in controversia regis cum S. Thoma conflata cf. epist. S. Thomae a. 1169 (Wilkins l. c. I. p. 448 col. 2 i. f.) atque de eius excommunicatione cf. literae Alexandri III a. 1170 (Wilkins l. c. I. p. 459), Radulf. de Dic. i. c. ad a. 1170 (Twysden p. 553) Bromton. Chron. (Twysden p. 1062) Gervas. Chron. (Twysden p. 1413).

27) Sin vero Gonzales: Joannem Salesbiriensem, scriptorem notissimum intellexit, hoc ut falsissimum reicio. Illum enim socium et malorum S. Thomae participem numquam ad Salabriensem sedem promotum esse vidimus.

28) Ethelred. abb. Rieval. de genealogia reg. Anglor. ap. Twysden p. 356 et 40 hoc ab Eduardo conditum esse prodit. Cf. quoque Chronicle Anglo-Sax. ed. by Benj. Thorpe Lond. 1861 ad a. 903. et infra ad a. 963. Cf. Matth. Paris. de gest. pont. l. c. p. 246 sqq.

29) Ethelred. l. c. p. 359 et 66. -- Contin. de gestis Anglorum lib. II c. 33 p. 322, c. 34 p. 323 in Rerum Britannic. script. veter. Heidelb. 1537. — Matth. Paris. l. c. p. 254.

que monialium in agro Viltunensi i. e. Salisbiriensi situm erat[30]). Salisbiria [31]) enim ipsa in agro Viltonensi aedificata est episcopique Sarisburienses persaepe iidem Viltonenses appellantur. Nonne demum valde verisimile est, et monasterium et ecclesiam illi episcopo Viltonensi subdita fuisse? Quapropter non dubito quamquam hoc firmissimam veritatem defendere non possum — pro Vinton[32]) in textu capitis Vilton restituere.

Quibus praemissis facilius atque expeditius ad caussam ipsam veniamus.

II.

De facti specie.

1) de contractu ad firmam; 2) de firma ecclesiae; 3) de lite inter abbatissam et militem orta.

Ac facti quidem species haec est:

Quaeritur enim de iure praesentandi, utrum militi[33]) an abbatissae competat. Illi enim G. (vel B.) a monasterio de V. villa, in qua ecclesiam sitam esse traditum est, ad firmam concessa erat. Quum vero, defuncta persona, ecclesia vacaret, miles clericum quendam, nomine W. de Leicestria quasi patronus episcopo J. de Salesbiria praesentavit. Abbatissa autem alium, W. de Norhale, eidem episcopo praesentans, ius advocationis sibimet ipsi vindicavit. Quem quidem quum episcopus non admisisset priorissa gravem apud archiepiscopum Cantuariensem ita deposuit quaestionem, ut episcopum clericum ab illa praesentatum instituere iuberet.

Ac prima quidem sententia capitis VII: *G. miles villam in qua ecclesia sita est a monasterio de Vilton ad firmam tenebat,* maximas habet difficultates in duabus potissimum quae-

---

30) Ranulf. Higd. l. c. p. 205; Matth. Paris. l. c. p. 247 sqq.

31) De variis huius nominis formis cf. Edm. Gibson in explicat. nonim. loc. ad Chronic. Saxon. Oxon. 1694 ad voc. Searbyrig.

32) Gonzalesius l. c. ad voc. monast. de Vint. de eodem monasterio cogitat, falsum tamen nomen affert. Cf. contra Higdin. l. c. ad a. 964 p. 265: „illo quoque partu“ sqq. Joh. Bromton l. c. p, 867.

33) De milite cf. Sommer. glossar. ad voc. cit. ass. Twysden. c. f. libri et Du Cange ad voc. miles.

stionibus, quarum cardo vertitur in prima illa, quomodo militis et monasterii ratio percipienda sit, et in altera hac, num firma ecclesia quoque comprehendatur.

Quodsi ad primum illud accedimus, vel plurimum quaestionis in verbis: *ad firmam tenebat* inesse per se ipsum liquidum, a nullo interpretum non intellectum est, quamquam saepenumero parum acriter ipsam rem indagantes facile absolvere se eam posse crediderunt. Quo ex numero iam Hostiensis vocabulum firmae quaeque eo significatur ratio iuris, eam esse Anglicam contendit. Et est non modo consentaneum, verum ipsa re postulatur, ut epistulam in Angliam missam omnium primum cum Anglicis rebus coniunctam esse atque cohaerere concedamus. Quam autem ipse Alexander III illis de rebus edoctus esse putandus sit, si, et illis civibus clericisque necessitudine arctum, et clarissimae Thomae Becketii certaminis participem eum fuisse reputes, facile statim concludas.

Quod si ipsum firmae vocabulum accuratius consideramus, confestim parum Latinum id esse liquet. Sommerus quidem et Du Cangius in glossariis ex origine Anglosaxonica id petunt, idque ille his verbis: *firma vocabula a Sax. feorme, quod victum sonat vel cibaria, unde pascere vel cibum aut victum suppeditare eis (?) feormiam. Proprie et ab origine censum tantum in cibariis Firma notat; commutata vero et redacta postea firma victualium in denarios, verbo retento ad reditum sive censum pecuniarium transferebatur, quo quidem Farme hodie utimur.* — Etiamsi haec universa quidem vera sunt, tamen ad eadem probanda et apud Somnerum et Du Cangium res allatae non satis sufficiunt, propterea quod gravissima eos argumenta fugerunt. Illud potissimum firmam esse vocem Anglosaxonicam demonstrare non potuerunt, quod quam grave sit infra ex ICtorum de hac re erroribus luculentissime patebit.

Neque minus apparet, vocem illam *feorm cibum* ideoque *feormiam nutrire, alere* sonare [34]). Quod quidem maxime legibus Anglosaxonicis corroboratur, in quibus illud feormiam pro alendo, hospitem aliquem excipiendo saepissime tractatum

34) Cf. Grimm deutsche grammatik bei II p. 140; K. W. Bouterweck angelsächs. Glossar Elberf. und Iserlohn 1850 ad voc. „feorme."

legimus. Testis est lex illa Hlotharis et Eadrici [35]): *gif man cuman feormaes III niht an his agenum hame, cepeman oððe oðerne, the sio ofer mearce cuman, and hine thonne his mete fede, and he thonne aeginum maen yfel gedo, se man thane oðerne aet rihte gebrenge oððe niht fore-wyrce.* Quae lex persaepe iterata et confirmata est, uti a rege Canuto II c. 28 [36]) ab Eduardo confessore c. 23 [37]) (ubi illud *hospitari* idem est atque in lege citata *feormian*) a Guillielmi Conquestore c. 48 [38]), ab Henrico I c. VIII § 5 [39]). Atque eodem sensu feormian invenimus in legibus Withraedi c. 7 [40]), Aluredi c. 4 *oððe thurh wreccena feormunge* [41]) c. 37 pr. aliisque multis [41a]). Sed mea id interest definire, num illa firma et feorme idem sit. Latissime autem patebit demonstrare, quomodo sonu simili id verbum Anglosaxonicum in formam Latinam firmae mutatum sit. Ad quod optimam ansam praebet antiqua legum versio, qua cum primario textu comparata mutatio illa dilucide liquet, quum praesertim argumenta ex illa versione sumpta antiquioribus etiam monumentis confirmentur. Certe enim iis, qui ita versionem illam verterant, in commutanda voce Anglosaxonica cum illa Latina vocabuli Latini firmandi notio in mentem non veniebat [42]). Ad quod explanandum primum ex legibus illis

---

35) Ancient laws and institutes of England. Lond. 1840. fol. p. 14. Thorpe bene vertit: *if a man entertain a stranger for three nights at his own home a chapman or any other who has come over the march, and then feed him with his own ford and he then do harm to any man, let the man let the man bring the other to justice, or do justice for him.*

36) Anc. laws p. 168.

37) l. c. p. 195.

38) ibid. p. 209. Quae lex tota fere e lege est. Canuti deprompta est.

39) ibid. p. 223.

40) l. c. p. 17.

41) l. c. p. 28. Quod vero perverse in antiqua vers. translatum est: *vel* (per) *suspectam personam* (l. c. p. 492; Bromton. l. c. p. 822). Rectius vertamus: *vel per exulem (profugum) hospitem; wreccena* enim a wreccan derivatum est *exulare, expellere.* Itaque in vetere codice exstat eard wreccena h. e. terrae (vel patriae) exulem. Thorpe bene vertit: *or by harbouring of exiles.*

41 a) Feorm etiam pastum sonare confirmatur dipl. CCCVI a 875 in Kemble cod. diplom. tom II p. 101, dip. MCCCXLVII tom. VI.

42) Quod ex eo etiam colligi potest, quod illa notio cum Anglosaxonica voce feormian nihil nisi sonum simile habet.

nonnulla afferre libet: verbi gratia illud legis Inae[43]) cap. 30: *Be thon the cierlisc man flieman feormunge:* antiq. vers.: *si cirliscus homo forisbannitum firmet; Gif mon cierlisne monnan fleemon-feorme teo:* antiq. vers.: *si cirliscus homo forisbanniti firmationis accusetur;* cap. 46[44]): *odde forstolenne gefeormee:* antiq. vers.: *furtivum aliquis firmaverit;* et eod. loc. infr.: *aelc mon mot ansacan fyrmde, and werfaehde*[45]) *gif he maeg odde daer:* antiq. vers.: *omni homini licet firmationem et werae factionem negare si possit et velit* (ubi firmatio intellegitur ciborum suppeditatio, hospitium, similia.) — Quae fleeman-feorm[46]) (cf. supr. c. 30) gravissimum ad sententiam meam probandum argumentum iudico [cf. leg. Eduardi c. 8 *and se scyle the flyman-feormige:* antiq. vers.: *qui flyman: i. e. forisbannitum confirmabat*[47]); 'leg. saec. Canuti c. 13[48]) *and loc hra thowe flyman fede odde feormie gylde fif pund than cyningce:* antiq. vers.: *qui forisbannitum paverit vel ei firmationem aliquam exhibuerit emendet regi V lib.*] quum illa vox in legibus Henrici I post antiquam versionem Latine scriptis[49]) et flymen-fyrme (quod plane Anglo-Saxon. est[50]) et flymonfirma[51]) promiscue afferentur. Item in ipsa firmae voce cf. leg. Aluredi c. 2 pr.[52]) *(cyninges feorm,* antiq. vers.: *firmam regis);* leg. athelst. (conc. Greatanleag.) pr. § 1[53]) *(fram twam mînra feorma,* antiq. vers.: *de duobus meis firmis),* cum legibus Henrici I, c. LVI pr. et § 3; I § 6, 2; X § 3; XIX; XCI § 3. Itaque vocabulum firmandi ad Anglosaxonicam

---

43) Anc. laws p. 52 (Bromton leg. Inae cap. 32, Sax. 29).

44) Bromton l. c. c. 50, Sax. 47.

45) De werfaehthe cf. cap. 54 leg. Inae.

46) Cf. Anc. laws, Gloss. ad h. verb., Kemble cod. dipl. tom. I. introd. p. XLV sqq.

47) Anc. laws. p. 70, antiq. vers. ibid. p. 507.

48) ibid. p. 164 sqq.

49) cf. de antiq. vers. Schmid die gesetze der Angelsachsen Leipzig 1858 p. XIX et Anc. laws; preface p. VII.

50) Anc. laws. p. 225 leg. Henr. I v. X §. 1.

51) ibid. p. 226 c. XII §. 2.

52) bid. p. 27 sqq. antiq. vers. p. 492.

53) ibid. p. 83.

vocem feorm, feormian, quacunque forma invenitur, ita accomodari apparet, ut ejus primaria notio prorsus obliterata videatur esse. Neque levi sententiae meae firmamento sunt leges illae atque diplomata, quibus ante Normannorum invasionem latine conscriptis illud quoque tollitur, firmae vocem ab illis demum in Angliam esse translatam. Atque inprimis laudo decretum illud sapientium regn. Athelstano scriptum c. III [54]), quod inscriptum est: *de divitibus vel generosis a furte vel latronum firmatione non desistentibus*; et infra: *qui eum firmabit*; et c. VI: *qui ei pepercerit vel eundem firmamaverit.* Quae quidem res, etiamsi haec lex non exstaret, permultis tamen instrumentis aeque plana redderetur. Quorum ex numero satis est hoc loco duo afferre, quae in Kemble cod. dipl. exstant: dipl. MLXXXIX a. 901—909 confectum [55]), in quo legimus: *and naes ðaer conaes mdre ðonnae ðaer waes biscopaes faerm gaegearwodu, and ðaer hundmógentig gaesé waenra aecaera: non fuit ibi frumenti quid, nisi quantulum fuit praeparatum ad firmam episcopi; sunt autem ibi XC acrae seminatae*; et aliud dipl. MCCXLII [56]) a. 962 scriptum: *omni anno in diebus anniversariorum suorum ordinaverunt servitoribus ecclesiae sancti Andreae firmam duorum dierum de W.* sqq. — Sed vel maxima in hac re auctoritate clarissimum illud monumentum, Domesdeybook, est, in quo unoquoque fere capitulo ad Eduardi tempora firmae referuntur. Sed de hoc libro infra fusius disputabimus.

Verum enim vero, si ad res iam explanatas respicimus, nescio, quomodo ab ullo dubitari possit, quin firmare sit Anglosaxonicum illud feormian [57]), firma vero feorm [58]). Itaque

---

54) ibid. p. 92 sqq.

55) l. c. tom. V Lond. 1847. p. 167.

56) l. c. tom. VI Lond. 1848 p. 54.

57) Et aliaquoque exempla afferre permulta possum cf. leg. Athelst. c. 8 (l. c. p. 87); epist. Athelst. (p. 93 IV) cujus legis inscriptio in antiq. vers. est: *de malefactoribus et eos firmantibus;* cf. judic. Lond. II. (p. 97). Inprimis cf. rectitud. sing. person. (l. c p. 185) in quibus inter alia villani onera quoque affertur: *wyrcan and hlaford feormian*: l. c. *operari et dominum suum firmare.*

58) Cf. leg. Aluredi c. 8 (cf. supra adn. 52), leg. Canuti c. 70 (l. c. anc. laws p. 177 antiq. vers. p. 543) rectit. cit. c. f. (l. c. p. 189).

supervacaneum esse arbitror, alia afferre argumenta, quum praesertim rebus iis, quae infra attulerimus, defensa opinio illa planeque sustentata videbitur.

Origine autem vocabuli illius firmae diligentius atque ab initio demonstrata, confestim ius illud militis de quo diximus, fontibus Anglicis adscitis interpretandum esse satis superque liquet. Quod iam accuratius examinandum nobis ac perpendendum est. Atqui quas adhuc significationes firmae statutas esse videmus, eae: cibum, vel hospitium, pastus, in formulam illam ad firmam tenere cadere non videntur. Quamquam, ut mox viderimus, id quod iam Somnerus (vid. supra p. 12) praeteriens quasi attigit, firmam in cap. VII. ab illis non multum discrepare apparet.

Quod quo facilius intellegatur, locum valde memorabilem Chronici Anglisaxonici ad a. 775 hoc loco pono [59]): *se ilca*

---

de quibus omnibus legibus infra latius disputabo. Argumento afferri possunt verba etiam illa Olderici Vitalis Utic. mon. eccles. hist. lib IV ad a. 1069 (Du Chesne histor. Normann. p. 514) „*conviviis provincialium* (scil. Anglorum), *quae vulgo firmam appellant;* et illud Henrici Huntidon. lib. VI ad Eduardi reg. a. 22 (Savile l. c. p. 367): *mandavitque regi quod ad firmam suam properans cibos salsatos sufficienter inveniret alios secum deferre curaret.* De quo loco cf. Du Cang. ad voc. firma.

59) The Anglo-Saxon Chronicle p. 92 adn. Immerito autem hunc locum Thorpe suspectum ac mendosum habet, uti ex dipl. CLXV (a. 786—796), quod ap. Kemble l. c. I p. 201 inveni, apparet. Est enim hoc dipl Latine scriptum illud, cujus relationem chronographus affert, his verbis conceptum: „*In nomine gubernantis dei monarchiam totius mundi! Ego Beonaa abbas gratia dei, cum conscientia et licentia fratrum deum colentium in monasterio quod appellatur Medehamstede, tradidi Cuthberhto principi terram X. manentium, quae nuncupatur ait Suinesheabde, cum pratis et pascuis ac silbis cunctisque ad se pertinentibus. Hanc autem terram ille Cuthbriht a me digno comparavit pretio, id est mille solidis, et singulis annis mihi meisque successoribus unius noctis pastum aut triginta — — ravit siclos. Hoc territorium praefatus princeps ea conditione acquisivit, ut post completionem diei illius, qui ab eo meruere satagunt heredibus derelinquat, et haeredes praedecessoris praefatam conditionem conservenit in pastu vel pecunia; et post vitam illorum absque offendiculo pacis ad ius pristinum ante nominata terra revertatur. Hujus autem rei ita gestae hi fideles testes aderant et conscripserunt.* — Sequuntur nomina testium: Offa rex Merciorum, Egferth rex Merciorum, Hygeberht archiep. sqq.

Beohne (scil. abbot of Medehamstedee) *tha let he Cuthbriht ealdorman X bonde-land a et Swines-haefde. mid laeswe and mid maedwe, and mid eal thaet thaer to laei, and swa thaet seo Cuthbriht geaf thone abbotte L punde thaer fore and ilca gaer anes nihtes feorme ouder XXX scillinge penega, swa eac thaet eafter his daei scolde seo land ongean into tha minstre.* Sequuntur nomina testium: kining Offa, kining Egferd sqq. Quae instrumenti relatio duabus potissimum rationibus insignis est: primum quia ea edocemur, talia hospitia quasi mercedes locationum (nam illud let to laei nihil aliud sibi vult quam elocavit) constituta [60]) atque iamiam antiquissimis temporibus ad pecuniam redigi coepta esse. Itaque firma (feorm) non modo hospitium ipsum, sed etiam pretium ejus sonare solebat; Quod vero hospitium (purveyance) pro locationis mercede non raro legitur, quid habet miri? Uti enim omnibus subditis id tanquam officium integrum impositum erat ut regem ejusque comitatum pro hospitibus exciperent iisque quum alias res, tum cibaria suppeditarent [61]), ita privati hominibus suis et conductoribus eadem imperabant, utique illa providentiae onera posteriore tempore ad certum modum redigebantur, ita hae firmae conductorum confestim fixae constitui solebant [62]). Ne-

60) Contractum locationem juris Romanorum esse non contendo attamen propriam concessionem usus pro fixo censu cf. infra adn. 78 sqq. Cf. Kemble l. c. I p. LXI (introduct.) sqq.: et dipl. MCCCXLVII (tom. VI), quod continet donationem cum reservatione pastus (feormae).

61) Cf. de hoc regis pastu et hospitio: Kemble I introd. p. LIII sqq. ibiq. allata instrumenta; adde dipl. CCCVI (tom. II p. 101): *ut toto parochia Hwicciorum a pastu equorum regio et eorum, qui eos ducunt absoluta et secura permansisset.* Huc spectat leg. Aluredi c. 2 (anc. laws p. 27 sqq.), quam Schmid non plane intellexit (l. c. p. 70) et document. notabile CCCXIII in Kemble cod. dipl., quod in additam. I a recepi. Cf. quoq. dipl. CLXVI l. c. (I p. 203) ubi pro *vicum* legendum est, *victum.* Huc spectat lex quoque Canuti II c. 70. cf. infr. adn. 64.

62) Quam onerosa nonnunquam fuerint illa regis hospitia probat Bromtonius ad a. 1194 (Twysden p. 1193): *in expeditione enim positus (scil. rex Richardus) armatorum excubias circa cubiculum suum habere voluit cum mille equis procedendo et nomine suae legationis cum excessivo numero hospitia a cunctis per Angliam exegit monasteriis, minores vero domus, quae pondus hospitii ferre non poterant, certa summa i. e. octo vel quinque marcarum*

que ullo modo firma illa regis, ejusdem purveyance, quae ita redacta quasi census permansit, cum firma regalium conductorum commutanda est, eodemque modo in rebus privatis firma, census hominum suorum, a firma conventione statuta distinguenda est.

Ad illam firmae vim leges cadunt notissimae Inae cap. 70: aet X hidum to fostre .. sqq.[63]), Canuti II c. 70 de tollendis firmis[64]), Henrici I cap. I § 6. Quo quidem servitio censuque libera quoque tenementa et allodia (boc-lande) gravata erant. Atque huc fortasse illa firma noctis referenda est, quam persaepe in Domesdey invenimus: *Dorsete: in Dorcestre*[65]) *tempore regi Eduardi erant CLXXII domus. Hae pro omni servitio se defendebant et geldabant pro X hid. scilicet ad opus huscarlium unam argenteam marcam exceptis consuetudinibus, quae pertinent ad firmam noctis*[66]); item in Bridefort et in Warham. Quam firmam noctis certum censum fuisse intellegitur uti ex dipl. Anglosaxon. supra allato ita ex comitatus Oxonefordensis servitio cognoscimus: *(Domesdeyb.) Oxenefordscire: comitatus Ox. reddit firmam trium noctium h. e. CL lib.*[67]).

---

hospitia redimerunt: et sic domus in qua una nocte hospitabatur vix infra tres annos subsequentes redire in pristinum statum posset. — Cf. quoque dipl. in histor. monasterii de Abingdon ed. by Jos. Stevenson Lond. 1858. vol. II app. II p. 274.

63) Anc laws p. 63. Ad voc. *fostre* cf. glossar. huic collect. adject. ad verb. *foster*. Idem est atque dominicus victus (cf. Dipl. CLXVI in adn. 61 cit., Domesdeyb. Wirecerscire, Gale I p. 767) regis firma: der koenigliche haushalt. Cf. quoque Selden. ad Eadmer. ap. Du Cang. ad voc. firma.

64) Anc. laws p. 177 et cf. additam. I 6. p. 75. Jam antea permulta praedia ab illa exactione libera fuisse lege Aluredi supra adn. 61 cit. et praecipue docum. ibid. allat. probatur. Phillips angelsaechsische Rechtsgesch. p 87 adn. 278 has res non intellexit, si putat a Guillelmo conq in libro Domesd. legem Canuti abrogatam esse. Nam lege Canuti illae praestationes non omnino sublatae sunt, sed tantum ad dominium praedia redigebantur. Neque aliud quidquam exstat in Domesdeyb.

65) Gale l. c. I p. 764.

66) Firmam noctis hoc loco idem esse atque feorme nihtes in dipl. p. 13 allat., nulli non patet. Alia huc pertinentia loca ap. Du Cang. ad voc. firma invenies ex Domesdeyb. Spelmanni edit. deprompta.

67) Gale I p. 766.

Longe autem plurimae firmae etiam regales[68]), quae in eodem libro (Domesdeybook) atque diplomatis aliisque fontibus exstant aut a conductoribus aut a colonis aut a vasallis solvebantur[69]), de qua re ut de firmis hundretorum, forestarum, eschaetarum, wardarum infra uberius disseramus[70]). Hoc quidem loco satis est demonstrasse, firmam esse fixum censum (regulariter ex proventu praedii cuiusdam) praestandum.

Quod quo magis liqueat, ad privatorum res firmasque veniamus, quibus sententia mea non mediocriter, credo, confirmatur: veluti dipl. MCCXLII in cod. diplom. supra allato, vetere dipl. ecclesiae Eleensis sub auspiciis regis Canuti confectum[71]), quo firma hebdomadarum certus census constituitur, catalogo firmarum monasterii Scti. Albani[72]), in quo legitur: *habemus igitur de maneriis nostris quinquaginta et tres firmas. Firmam vocamus quadraginta et sex solidos. Tot ergo habemus firmas, quot sunt septimanae in anno et unam in antecessum.* Item statutus census est firma in catalogo firmarum monasterii de Abingdon in eiusdem historia exstante[73]). At ex his omnibus documentis caussam praestandae firmae non

68) Utrum firmae nomine victualia an pecunia numerata solvebantur nihil refert: cf. Dipl. in addit. I a. (leg. Jn) adn. 59; cf. Domesd.: *Bedefordscire maner. Loitone: dominicum manerium regis* sqq. *Intra totum redit per annum XXX ad pensum et demid. diem in frumento et melle et aliis consuetudinibus ad firmam regis pertinentibus.* Cf. quoq Du Cang. l. c.

69) Cf. Domesd. Herefordsc. (Gale I, p. 760). Huntedunsc. (Gale I p. 771), Bedefordsc. (eod.), Warwicscire (p. 772): modo intra firmam regalium maneriorum sqq.; Eassessa (p. 776): est autem consuetudo, Cestrescire (p. 778).

70) Huc pertinent quoque Henric. I cap. I § 1, X § 3 (ubi firma intellegenda est vicecomitum cf. infra adn. 206, non ut Schmidius p. 574 ad voc. feorm. col. 1 i. f. vult, praedium regis) XIX (eodem sensu atque in X § 3) XCI § 3 (ubi firma idem est atque *a rege ad firmam concessa*) Cf. porro Henr. Huntind. lib. VII p. 378.

71) Histor. eccles. Eleensis lib. II c. 26 (Gab. I p. 504) cf. infra adn. 223.

72) Vit. vig. tr. abb. p. 36; exstat catalogus quoque ap. Du Cang. l. c.

73) Histor. monast. de Abingd. vol. II app. III p. 307: consuetudines Abendoniae.

perspicimus, quae vel consuetudines rectitudinesque personarum vel pacta testamentáve[74]) esse possunt.

Jam vero antiquissimis temporibus firmam conventione mercedem locationum concessionumque similium constituebant, uti ex dipl. Anglosax. a. 775 de firma noctis supr. all. elucet. Quod alio etiam contractu affirmatur, quem idem ille chronographus affert[75]). Abbas enim Ceolredus de Medehamstede a. 852 Wulfredo cuidam terram quandam ita locavit *(leot to hande* vel *sellað)*, ut inter plures alias praestationes singulis annis firmam unius noctis daret. Item — ut alia omittam exempla — regnante Eduardo Alfwinus abb. Ramesiensis[76]) terram quandam de consensu et assensu fratrum Godwino cuidam concessit in vita sua firmarii vice tenendam. Qui quidem eidem abbati exinde respectum quod Gersume dicunt, tanti viri honori conveniens dedit et singulis annis de consuetudine hospitium et cuncta hospiti necessaria, firmata utrimque pactione procuravit. Itaque vox firmae iam ante Normannorum invasionem (ut ex Domesdcyb. quoque intellegi potest) ad totam conductoris[77]) conditionem significandam usurpata est, quum ille Godwinus firmarius vocaretur. Inde recte colligi videtur contractum ad firmam eo tempore in essentialibus iamiam definitum esse. Hoc quidem constat atque probatum

74) Firmam quoque quasi censum annuum testamento imponi posse praedio (rent-charge) probatur duobus notabilibus instrumentis, quarum unum in breve contractum affert: Thornius mon. S. Aug. Cantuar. (de reb. gest. abb. S. Aug. Cant. Chronica, Twysden l. c. p. 1776 c. 5 § 2), alterum Matth. Paris vit. vig. tr. abb. p. 158 (addit.).

75) Cf. Chronicle Anglo-Saxon. I. 122 adn. Hoc quoque diploma ex diplomate ipso assumptum est, neque ut opinatur Thorpe ullo modo corruptum est. Cf. additam. I c.

76) Historia Ramesiensis c. 118 (Gale I p. 460). Cf. quoq. ibid. c. 48 p. 416; c. 49 p. 417; c. 89 p. 445. Cf. Ingulf. Croyl. abbat. hist. p. 891.

77) Utor h. l. voce: conductionis et locationis ad omnem modum concessionis usus pro certo censu significandum, ut haec firma conductorem conventione condita opponatur firmae hominum suorum vel consuetudini antiquae vel reditui cuidam a propria terra (rent charge) praestando, quae omnes firmae ut infra explicabo (cf. quoq. supr adn. 74) eodem modo in privatis atque in regis rebus inveniuntur.

est', firmam certum censum sonare, datione autem ad firmam pro mercede sive pecuniaria sive victualium usum rei cuiusdam jurisve concedi. Quo quidem sensu firma tum maxime accipienda est, quum de dando, tradendo, ponendo, dimittendo, tenendo ad firmam contrahatur.

Documento quolibet prope in fonte historico aut juridico illius temporis, quo epistula Alexandri conscripta est, maxime autem in diplomatum materia uberrima multa exempla exstant[78]). Vel a Raymundo a Pennaforte gravissima aliquot habemus in collectionem decretalium recepta: cap. II. X de locat. cap. VIII. X de decimis, cap. XXIV h. t., et cap. VI. X ne cleric. vel monach. Atque tribus quidem primis de decimis ad firmam concessis, in novissima autem universa de firma et de firma ecclesiae tractatur. In quibus occurrunt verba: *conducere et recipere ad firmam*, et illa *dare ad firmam* et *locare*, *firma* et *affictus*[79]) eodem sensu ab Innocentio III. tractata. Igitur sine

---

78) Cf. leg. Henric. I, cap. I §. 1 *ad firmam. ponam.* Simeon. Dunelm. hist. de gest. reg. Angl ap. Twysden p. 225 *quae (ecclesia) — ad firmum erat posita.* Ingulf. l. c. p. 891. 898, 909, 912. Charta reg. Henrici (histor. monast de Abingdon vol. II p. 66); eod. *de redditu camerae* p. 327. Domesdeyb. Cestrescire i. f. *ipse habuit ad firmam* sqq.; Wirecescire; Bedefordscire. Histor. Ramesiensis c. 89 (Gale I p. 772; *dedit exinde Ramesiensi ecclesiae censum et firmam constitutam* (ante a. 1066), ibid. c. 101 (p. 450): *idem M de permissione abbatis iam dictas terras vice firmarii tenens, statutum ex iis censum singulis annis persolvit* (quoq. ante a. 1066). Cf. W. Thorne Chronic. ad a. 1074, cap. VII §. 5; ad a. 1079; §. 6; ad a. 1242 dipl. de renunc. pens. cap. 22 §. 1; ad a. 1250 bulla Innocentii IV: *ad firmam vel sub censu annuo concesserunt* (cf. addit II a.). Cf. infra adn. 117 Concil. Dunelnense a. 1220 (Wilkins l. c. I p. 580); Conc. prov. Scotic. a. 1224 (ibid. I p. 609): *de locato et conducto.*

79) In quo canone XXIV cit. illud *firmam* fortasse Raymundus pro *affictu* substituit, uti ex lect. codicum Regii Berolinensium duorum et comp. III conicio. (Ad verb. affictus cf. Du Cange gloss. et Muratori antiquit. Italic. dissert. XI in tom. I p. 346). Quae coniectura non penitus vaga videtur, si tecum reputaveris, epistulam ad Italicum episc. scriptam esse atque in eadem pontificem init. voce *affictus* quasi firmae synonymo uti. At fortasse illo tempore (a. 1199) firmae vox in Italia quoque in usum fori ita recepta erat ut episc. ille notionem bene intellegere posset. Quod quidem loco quodam libelli de verbis legalibus nondum in lucem editi in MS. Instit. Turon. exstantis, qui non multo post

dubio ex iis, quae usque ad hoc tempus novimus, miles in cap. VII conductor villae putandus est. Quapropter inter monasterium et illum contractus quidam factus est (nam concessionem ad firmam non nisi antecedente contractu fieri constat) quo abbatissa et conventus militi villam pro certo censu singulis annis solvendis dimisit. Qualis vero natura contractus sit, infra in cap. VI exponetur, hoc loco satis est militem esse conductorem, coenobium dominum villae dixisse.

Antequam vero ad aliam propositam quaestionem aggrediar, meum est non quidem gratissimum graves de hac re propagatos errores refutare. Lippertius enim in libro suo de iure patronatus[80]), quum de canone illo disputat, ad vocem firmae interpretandam haec affert: *unter dem contract ad firmam (manum) versteht man den vertrag, demzufolge einzelne grundstuecke oder selbst umfangreichere laendereien von dem eigenthuemer derselben jemandem zu deren genuss, gegen entrichtung einer jaehrlichen abgabe (census, firma)*[81]) *verliehen wurden (ad firmam committebantur sive concedebantur). Das auf diese weise in pacht gegebene grundstueck heisst manufirma (seltener firma manus), eine bezeichnung, die ihren grund darin*

---

illud tempus scriptus est, confirmatur, ubi legimus: *tit. de oechomo: emphylenticarius idem est, qui vulgo dicitur firmarius. Emphyteusis idem est, quod ferma.* — Atque notandum est, illud decretum (cap. XXIV cit.) postea aliis constitutionibus confirmatum esse: uti liter. episc Norwicens. (Annales de Burton p. 326) a. 1254: *volumus etiam, si iustum vobis visum fuerit, iquod unusquisque cuius ecclesia tenetur ad firmam, iuxta quantitatem firmae, quam recepit respondeat decimis* sqq. Cf. quoq. bulla pap. Nicolai IV continens nov. taxat. a. 1291 (Wilkins II p. 161) qua vero, uti cit. lit. tantum ab eo, qui ad firmam dederit, decimas praestandas esse constituitur. Verum traditio decimarum ad firmam neque insolitum erat neque quidquam habuit singulare: cf. Thorne l. c. cap. 22 §. 8 p. 1895 dipl. de decimis ad firmam pro XX marcis annuis locatis. Cap. II X de locat. autem egomet tantum privilegium quoddam datum habeo, quamquam receptione in corp. iur. lex generalis factum est. Nam a. 1222 in Conc. Oxoniensi statuta abrogata expresse confirmabantur (Wilkins I p. 596).

80) Versuch einer historich-dogmatischen entwickelung der lehre vom patronat. Giessen 1829, p. 163.

81) Argumento affert ex Du Cangii gloss. epistol. quand. Eduardi in adn. 250.

hatte, weil die beiden contrahenten mit haendedruck den firmarischen vertrag bekraeftigten[82]).

Quod leviter consideranti Ictus ille in re ipsa, quoad ad naturam firmae pertinet, nobiscum in unum convenire ideoque, si quidem erraverit, non graviter videtur deceptus esse. At res aliter se habet. Nam quum illa firma (s. manu) quam ille intellexit, universa alia sit, atque firma cap. VII., Lippertium ex pravis principiis exorientem ad falsas sententias constanter revocatum esse necesse erat[83]). Neque quemquam ex rebus modo allatis fugere potest, illam interpretationem fontibus Anglicis prorsus adversari. Accedit, quod omnino illa manufirma in fontibus Anglicis illorum temporum plane desideratur vel si inveniatur, diverso sensu adhibita est. Via vero, qua Lippertius ad illa pervenit, haec erat: tota percensendi ratione neglecta, documenta a Du Cang. ad voc. *manufirmae* allata, confidenter usurpavit. In quo non modo illa, quae ab eo ad firmam vocem explanandam afferuntur, eum penitus fugiunt, verum vel hoc eum fugit, diplomata, quae gravissima laudat argumenta, origine esse Gallica. Tota igitur eius argumentatio, ut infra accuratius videbimus, ad incredibilem divinandi potestatem, qua manufirmam firmamque eadem esse sibi effinxit, referenda est[84]). Etenim quamquam non ignoro, firmam illam in Gallicis diplomatis et legibus saec. XII. et XIII. scriptis sensu haud dissimili persaepe usurpari[85]), tamen eam ex Anglia

82) In adn. 251 addit: *beispiele aus archivarurkunden entnommen fuehrt Du Fresne l. c. tom. II p.* 249 *an. Die gewoehnliche formel beim abschluss des vertrages war: autem huiusmodi manufirma stabilis in inconcussa permaneat manu propria firmavimus.* Sicine?

83) Cf. infra cap. V i. f.

84) Usus vero manufirmandi contractus, ut Du Cang. quoque concedit, apud omnes fere populos medio aevo valde vulgaris est, uti ex unaquaque diplomatum collectione satis patet (cf. verbi gratia Schannat. trad. Fuld. dipl. 27, 45, 67, 68, 297, 300, 444, 454, 477, 516, 520, 522, 523, 531, 547, 551, 552, 563, 570, 582, 587). Itaque nihil obstaret, cur firma Anglica etiam manu firmaretur. Sed hac forma neutiquam manufirma fieret.

85) Cf. Du Cang. ad voc. *praepositus*, ad voc. *feudifirma.* Gallicum ferme enim idem est atque firma. Cf. quoq. Britton chap. 61 *de fermes* ap. M. Houard traités sur les coutumes Anglo-Normandes. Rouen 1776. tom. IV p. 261. Cf. quoq. dipl. ap. Thorne l. c. p. 2074 *a nostre Seigneur te Roi* sqq. et p. 2077 *a nostre Seigneur le Roi et son consail* sqq.

immigratam esse, ex rebus illis temporibus gestis arctaque Normanniae cum ea terra coniunctione facile concluditur. Quod eo verisimilius est, quum Latina voce *firmae* iam in *manufirma* pervagata adoptatio firmae (iam dudum principali eius sensu in oblivione abdito) a Gallica lingua non aliena videretur. Sin autem verbum firmae in Germanicis quoque diplomatis nobis occurrat, hac re non probatur, idem id esse ibidemque indigenum. Quin etiam dilucide duobus documentis [86]) saec. XIII docemur, *firmam* esse vocem peregrinam rarissimeque usurpatam, quum contrahentes vel tabelliones eam alia vulgari *phat* explicari necesse putarent. Adminiculum autem quoddam, quamvis parvum sit, intellegendi, quomodo firma illa in Germania recipi possit, tres bullae paparum, Clementis IV [87]), Martini IV [88]), Nicolai IV [89]) praebent, quae omnes fere ad verbum ex bulla Innocentii IV a 1250 in Angliam missa [90]) descriptae et ad monasterium de Cymern et de Bebenhausen compositae sunt. Allatas vid. in additamentis II a.

Quod si haec omnia Lippertius parum ignorasset, equidem confido, ipsum opinionis suae levitatem perspexisse. Eo magis mirere, nostris temporibus alterum quoque et eruditissimum ICtum B. Schillingium [91]) in eodem errore versari, qui non tam novis argumentis quam Lippertii auctoritate innititur. Cujus utrum interpretandi rationem probare voluerit, an non examinata ea iam in verba magistri iuraverit, in medio relinquo. Illam autem refutatam opinionem iam apud Halthausium [92])

---

86) Dipl. a. 1223 Kal. Ianuar.: *de controversia coll. eum Eppsteiniis ad concordiam red.* in vol. II p. 528. Rerum Moguntiac., quo continentur excerpt. ex PP. Antwerp. actis Sanctor. ed. G. Ch. Joannis a. 1722; dipl. a. 1226: discept. sup. demidia parte decimarum de Burch. ibid. p. 531.

87) Cf. Mone, zeitschrift für geschichte des Oberrheins. Karlsruhe 1853. tom. IV p. 187.

88) ibid. p. 189.

89) Cf. Halthaus, Gloss. ad verb. *Pacht*.

90) Cf. Thorne l. c. p. 1898.

91) l. c. p. 22 adn. 98: *der contractus ad firmam, welcher in den urkunden schlechtweg firma S. manufirma genannt wird, hat seinen namen davon, dass er mittelst handschlags bekraeftigt wurde.*

92) l. cit.

invenics, qui quasi coniecturam suam affert: *contractus dationis ad firmam, puto manum S. possessionem.*

Quibus rebus omissis, ad caput interpretandum regrediamur. Probavimus igitur, militi B. manerium illud, in quo ecclesia sita est, ad firmam h. e. titulo locationis pro annuo censu fixo concessum esse. Ac primum quidem constat, hoc et fieri licere et persaepe factum esse, dummodo ne abbatissa sine consensu capituli contractum fecisset; et si fecisset, tamen illo tempore contractus vix rescissus esset. Interdicta quidem, ne praedia monasteriorum non consentiente conventu alienentur vel locentur iamiam a. 816 in synodo Calchuthensi constituta erant[93]). Atqui contractus contra hanc legem factos rescissos non esse, permultis docemur instrumentis[94]). Et ipsum ius illud rescissionis nonnumquam quasi privilegium a pontificibus coenobiis concedebatur[95]). Utrum autem laico an clerico manerium ad firmam concessum sit, nihil refert: videlicet si omnino legibus statutis locatum sit.

At altera quaestio, quam supra mihi proposui, pertractanda est. Dubitatur enim, num ecclesia illa una cum villa ad firmam concessa sit.

Quod igitur ecclesia in villa sita erat, non mirum est, quum in latifundiis, quae ex permultis tenementis constabant[96]), haud raro a dominis ecclesiae aedificabantur. Quo quidem postea accidebat, ut secundum Sardicenses et Laodicenses canones sedes episcopales de villis ad urbes esse translatas

---

93) Wilkins I p. 170 c.

94) Cf. Matth. Paris. vit. vig. tr. abb. p. 33, p. 53 sqq.; Chronic. abb. de Evesham ad a. 1191—1195 p. 105 (London 1863).

95) Exempli gratia afferro bullam a. 1250 monasterio S. August. Cantuar. miss. cf supra adn. 78, et constit. Benedicti XII de ordine monachorum Nigrorum editam cf. Wilkins II p. 603.

96) Cf. exempl gr. Chronic. abb. de Evesh. p. 294: *ita habebat in villa de Evesham H. Chestur tria tenementa cum pertinentiis et triginta septem acras terrae cum tribus acris prati, porro in eadem villa Rogerius Porter unum tenementum et sex contagia. Nic. Porter tria tenementa cum pertinentiis, diversi alii homines viginti quatuor tenementa cum pluribus cotagiis et curtilagiis et eorum pertinentiis.* Talia exempla permulta in promptu habeo. Cf. Fleta lib. IV cap. XV i. f.

nobis traderetur [97]). Exempla vero parochialium ecclesiarum in villis exstructarum si quis ex fontibus colligere vellet, facile non posset. Innumerabilia exstant. Quid vero? ecclesia in villa sita nonne cum eadem ad firmam dari potest? Num vero monasterium tali modo de ecclesia disponendi potestatem habuerit, tum demum disceptari potest, si, quomodo ecclesia ab illo pendeat, perquisiverimus,

In qua quaestione decidenda potissimum ad illud *defuncta persona* respiciamus. Quaeritur enim, utrum ecclesia monasterio appropriata fuerit, necne. Si illud acciderit ideoque in proprios monasterii usus versa illa sit, nihil obstaret, quominus ecclesia ad firmam daretur. Permultis enim exemplis hoc confirmatur, ad quod demonstrandum hanc unam commemoro caussam ecclesiae de Faversham, de qua Innocentius III in cap. LI X. de appell. disceptat [98]). Litigabatur enim, utrum illi Osborno de Camera ecclesia ad firmam concessa sit, annon sit? Sin autem ecclesia cap. VII appropriata esset, personatus penes monasterium remaneret ideoque *persona* nihil aliud quam vicarius perpetuus intellegenda esset. Nam non semel in conciliis oecumenicis Britannicisque constituebatur, ut non residentes atque praesertim monasteria in (appropriatis) ecclesiis vicarium perpetuum haberent [99]). Si igi-

97) Cf. Polychron. Higdin. de episc occident. ap. Gale I. p. 206; Williel. Malmesb. de gestis pontif. ap. Savile p 214.

98) Fontes huius valde memorabilis textus inveni apud Thornium, qui allatis epistolis pontificis regisque Joannis, allatis exceptionibus replicationibusque archiepiscopi et abbatis totum processum a cap. 17 usq. ad §. 3 cap. 13 exponit. Deinde plurima de hac re documenta exstant in Historia monasterii S. Aug. Cant. by Th. of Elmham.

99) Testis est constitutio quaedam R. Poore Sarum episcopi a. 1223 data 2 (Wilkins I p. 601), *qui parochialem habuerit ecclesiam, si in ea non velit residere, ordinet in illa perpetuum vicarium, qui in ipsa est canonice statuendus, qui competentem habeat de ipsius ecclesiae proventibus portionem*; testis est alia quaedam ex constit synodal. Sodorensibus a. 1291 confectis c. XIII (Wilkins II p. 177): *statuimus, ut in ecclesiis religiosorum ad proprios usus appropriatis secundum concilium Lateranense vicarii ordinentur.* Licet hae multo post nostram constitutionem editae sint, tamen illo tempore iamiam eadem principia in Britannia valuisse ex appropriationum exemplis, quas Thornius affert (l c. c. 39 §. 1 p. 2000, §. 2, §. 3, quae appropriationes Alexandri III bullis confirmantur) facile colligere possumus.

tur persona vicarius esset, nihil, ut dixi, impedivisset, quominus reditus et beneficia ecclesiae, excepta vicarii portione, militi ad firmam traderentur [100]). Quum enim vicaria omnino a rectore ad firmam dari nullae possint, quanto minus laico possunt [1]).

At illam opinionem, arbitrantium personam vicarium perpetuum intellegendum, non una caussa impedit: primum unicum ac legibus contrarium esset, si monasterium virginum personatum ecclesiae haberet; deinde vocabulo personae omnis opinio de appropriatione removetur atque exstinguitur.

Persona enim nullo loco pro vicario legitur, sed ei plane opponitur: uti tribus Alexandri III epistulis, c. I, c. II, III, X de off. vic. uti decreto eius ante a. 1175 episc. Norvicensi misso [2]): *illud etiam de vicariis, qui personis fide et juramento obligati sunt, duximus statuendum, quod si fide vel sacramenti religione contempta personatum sibi falso assumentes, contra personas se erexerint, si super hoc in iure vel confessi vel convicti fuerint, de caetero in eodem episcopatu ab iamiam officio sui exactionem non admittantur* [3]). Eadem fere etsi in breve coacta iamiam vid. in canonibus concilii a. 1173 sub Richardi archiep. Cantuar. hab. c. XXVII [4]). Huc quoque pertinent const. Wilh. de Bleys a. 1219: *item*

---

100) Probatur hoc ordinationibus vicariarum ap. Thornium, in quibus firmam reliquorum redituum admitti debere conceditur cf. p. 2097, p. 2099, ubi valde notabilia diplomata exstant. Exemplum summa auctoritate affero firmam in Annal. de Theokesb. p. 125 ad a. 1242, ubi vicariam Thomas quidem habet, ecclesiae firmam autem Rogerus petit. Cf. quoq. dipl. ap. Thorn. de perpetua firma ecclesiae de Litleburne p. 2107, in qua conventione vicaria firmae non inest.

1) Cf. constit. W. de Kerkham ep. Dunelm. a. 1255 (Wilkins I. p. 905); bulla Nicolai IV a. 1291 (ibid. II p. 180), ubi opponuntur *firmarius* et *vicarius*. Cf. const. R Ledredi a. 1320 c. VIII (ibid. p. 502).

2) Desumpsi ex actis concilii Westmonast. a. 1175 hab. (Wilkins I p. 478). Cf. praecipue Joan. Salisbur. Policrat. lib. VII c. 17 et epist. I ap. Du Cang. ad voc. *persona* allata.

3) Caussam talis assumptionis affert Thornius ad a. 1233 c. 21 §. 7: processus sup. eccl. de Chistelet.

4) Wilkins I p. 475.

statuimus, quod quando persona vel vicarius sqq. [5]), concil. Dunelmense a. 1226: hic *adicimus, quod si persona vel vicarius* [6]); concil. Oxoniense a. 1222. c. XII, c. XVI [7]), concil prov. Scotican. a. 1225 c. LXXIX [8]). Itaque affatim liquet, hoc loco personam non esse vicarium perpetuum, sed rectorem ipsum ecclesiae (cf. c. I. X de fil. presb., c. IV. h. t., c. V. X ut lit. pend., c. LI. X. de appell. [9]), quo sensu illa vox omnibus similibus vocabulis saepius in Anglicis fontibus usurpatur [10]). Si nihilominus ecclesia monasterio appropriata esset, beneficia tamen personae conferenda fuissent: quorsum igitur firma ecclesiae?

Quo autem titulo, si ecclesia, uti verisimilius est, appropriata non est, quo, inquam, titulo abbatissa militi ecclesiam ad firmam tradere potuerat? Duae restant rationes, ex quibus monasterio de ecclesia potestas aliqua competere potest: aut ipso iure patronatus (quod tum quoque intellegendum est, etiamsi parochus coenobio certam quandam pensionem quasi signum subiectionis solvere debebat [11]), aut pars quaedam redituum ecclesiae monasterio donata vel alio modo (in perpetuum) concessa h. e. si haec pars monasterio appro-

---

5) ibid p. 571..

6) ibid. I p. 580 col. 2.

7) ibid. I p. 587.

8) ibid. I p. 617.

9) O de Camera (c. LI. X. cit.) persona ecclesiae de Faversham appellatur, quia se quasi rector gerebat (cf. Thorn. l. c. c. 17 § 1 p. 1844 p. 1847) et rector habebatur. — Prorsus igitur falsum est, si Schillingius l. c. p. 5 personas etiam vicarios perpetuos, vel vicarios perp. etiam personas appellatos esse contendit, quod ex cap. VIII X de fil. presb. enucleari posse arbitratur. Quod quidem cap. contrarium probat. Quum papae interesset, vicarium temporalem iis opponi, quibus in perpetuum beneficia collata sint, eius erat non solum vicarii perpetui sed personae etiam h. e. rectoris mentionem facere. Itaque illud *seu* in cap. cit. non eadem iungit, sed diversa potius disiungit.

10) Cf. exempli gratia Fleta lib. V cap. XIV, §. 9 ap. Houard l. c. tom. III p. 639: *item continetur persona, quae mortua est, personam dicit ad differentiam vicarii* sqq., 10: *et illud idem dici poterit de vicario cuius vicaria non sit de alicuius praesentatione vel advocatione, qui si moriatur totum accrescit personae* sqq.

priata est. Si vinculum illud subiectionis in uno iure patronatus sive per fundationem dotationemve, sive per aliquem alium modum acquisito constiterit, ecclesiam ad firmam datam non esse, apparet. Tum enim abbatissae de ecclesia ius disponendi nullum competeret. Neque aliter erit decidendum, si ecclesia ratione maximae vel alicuius partis redituum coenobio appropriata fuerit. Nam praeter debitum censum monasterium nullum ius in ecclesia haberet [12]). Quo vero modo in hac speci ecclesia subiecta sit, perpera m disceptare tentes. Verum sole clarius est, etiamsi ecclesia una alterave ratione a coenobio pendeat, militem fortasse proventus partis censusque, neutiquam vero ecclesiae firmarium exstitisse.

Quod alio demum quodam argumento adiuvatur eoque, quo adhuc uno interpretatores usi sunt. Nam datio ecclesiarum ad firmam severissime in oecumenciis provincialibusque Britannorum conciliis et pontificum constitutionibus interdicta est. Et maxime quidem haec prohibitio ad monachorum et laicorum firmas videtur pertinere. Notissima autem de hac re constitutio est Alexandri III. cap. VI. X ne prael. vel monach. incerto [13]) tempore editum, cui aliam adde bullam eiusdem pontificis abb.S. August. Cantuar. inscriptam [14]). Praeter quae decreta illius temporis mihi occurrunt canones

---

11) Dipl. conventionis int. S. Edmund archiepisc. Cant. et monast. S. Aug. a. 1234 (Thorne l. c. cap. 21 §. 8) et dipl. a. 1242: remanebunt (sc. penes monasterium) cereus unius librae de ecclesia de Stodmersh in signum patronatus (ibid. c. 22 §. 1 p. 1892).

12) Cf. dipl. a. 1234 in adn. antec. cit., dipl. ad 18. Mai 1242 (p. 23): *ut reciperet ecclesiam, quae non est vicaria, licet pensionaria prioratui S. Jacobi Bristolis.*

13) Sed, ut verisimile est post annum 1175. Exstat enim haec epistula Londoniensi episcopo missa in actis concilii Westmonasteriensis a. 1175 hab. (Wilkins I, p. 478) mirabili modo sub inscriptione: *ex decretis diversorum patrum*, ex quo colligi potest — si ad initium c. VI cit. respicimus: *secundum instituta praedecessorum nostrorum* — Alexandrum ad verbum decretum illud ex decreto praedecessoris cuiusdam descripsisse qua ratione quoque lectio compilationis I. *firmas teneant* (c. VI i. f.) lectioni append. Lat. praeferenda erit. Exstant collatae constitutiones in additam II b.

14) In histor. monast. S. Augustini Cant. p. 440.

duo Rich. archiep. Cantuar. a. 1173 hab. c. XI: *laici ecclesias ad firmam non habeant*, at c. XXI: *monachi firmas non teneant*[15]). Cuius prohibitionis caussae diversae allegantur: aut ne clerici vel monachi negotientur, ne lucri caussa rebus se immisceant, aut ne monasteria illis contractibus defraudarentur, ne officia divina in ecclesiis minime agantur aut ne respectu ecclesiarum clericis ad firmam datarum beneficia cumulentur[16]). Quod ex constitutionibus posteriorum temporum patet[17]).

---

15) Wilkins l. c. I p. 474 p. 475.

16) Qua ratione reprobanda est sententia doctoris Oesterley l. c. p. 114, lucri causa ecclesiam solam ad firmam dari prohibitum esse; hoc autem minus metuendum visum esse, quum villa una cum ecclesia ibi constructa in firmam daretur; quod per eum licet. Itaque in cap. VII ecclesiam ad firmam datam esse arbitratur, quod satis refutasse mihi videor.

17) Cf. Concil. Eborac. a. 1195 c. XV. (Wilkins I p. 502) Concil. Dunelmense hab. a. 1220: *de ecclesiis ad firmam tradendis* et cap. *ne viri religiosi* (ibid. I, p. 580), conc. Oxoniens hab. a. 1222 c. 36 (ibid. I p. 591) c. 47 (p. 593) Stat. dom. Steph. Langton. Cantuar. archiep. a. 1222 *nullus clericus benef. eccl.* sqq. (ibid. p. 596). Concil. prov. Scotic. a. 1225 hab. *de locato et conducto: cum laicis dari ecclesias ad firmam sit penitus inhonestum — statuimus, ut nec laicis unquam — ad firmam conferantur* sqq. (ibid. p. 609), c. 77. (ibid. p. 617) c. 78 (l. c.): *item firmiter inhibemus, ne de caetero ad firmam ecclesiae conferantur* sqq. — Const. ed. a W. de Bleys ep. Wigorn. a. 1219 (l. c. p. 571): *ne terrae ecclesiarum dentur ad firmam laicis vel liberis hominibus.* Const. eiusd. ep. a. 1229 c. 15 (ibid. I. p. 625): *ut nullus laicus ecclesiasticum beneficium per se vel per alium ad firmam reciperet.* c. 17 (l. c. p. 625 sqq.) — Illud. cap. concil. Scoticani in acta concilii a. 1237 praesidente Othone legato Londini hab. receptum est cf. c. 8 (l. c. p. 651), c. 9 (l. c.) c. 7 (ibid.) — Constit. quaed. synod. regn. Henrico III ut videtur editae a. 1237: *inhibemus etiam, ne viri religiosi illas habeant ad firmam, in quibus dicunt, se ius patronatus habere adicientes, ne aliquis vendat vel conferat vel ad firmam det vel pignori obliget monachis Cisterciensis ordinis, vel aliis religiosis simile eis privilegium habentibus, terras aliquas vel possessiones, nisi prius facta sufficienti cantione de indemnitate ecclesiae et hoc de nostra auctoritate* (Wilkius I p. 662). — Cf. porro const. Walt. de Kantilupo ep. Wigor. a. 1240 (l. c. p. 672); stastut. R. de la Wich, Cicestrens. ep. a. 1246 ed. (l. c. p. 690). — Bulla Innoc. IV a. 1250 ed. cf. addit. II a. In constitutionibus sequentis temporis allatae aut tantum ad verbum recitantur, ut in constit. Aeg. de Bridfort, Sarum ep. ed. a. 1256 statuta concil. Oxon. cit. (l. c. p. 717) aut parum amplificatae sunt, ut const. W. de Kirkham ep. Dunelm. a. 1255 ed. (l. c. p. 705) stat. synod. W. et S. Nor-

Etiamsi illae prohibitiones persaepe violatae atque etiam ratione non legitima sine ordinarii conventusve consensu a clericis vel abbatibus ecclesiae ad firmam concessae sunt [18]), tamen hoc in nostro casu non valere quum aliis ex caussis et regulis interpretandi, tum ex argumentis supra allatis colligi potest.

Itaque constat, militem villam solam excepta ecclesia ad firmam tenere. Ergo illo iure uno prope subnixus clericum vacante ecclesia praesentavit. Quod enim ius praesentandi miles non quasi suum, sed a monasterio sibi collatum assumpsit, ex toto epistulae habitu perspicuum est et facile probatur. Sequitur, ut ex admissione quoque clerici per Jocelinum videmus, ius patronatus reale fuisse h. e. praedio ipsi

---

vic. episc. a. 1257 (l. c. p. 732 sqq.) Ita constitutiones dom. Othoboni quoque legati in concil. gener. Lond. earum, quae Otho a. 1237 edidit, confirmationes sunt: c. 20 (l. c. tom. II p. 10) c. 43 (p. 16). Item conf. constit. Ioan. Pecham, arch. Cant. a. 1281 *de firmis* (l. c. p. 58; quae constit. in Lyndewodi constit. Angliae provincial. a. 1422 script. sub tit. *locato et conducto* exstant); cf. artic. observ. per rect. et vicar. Cant. (l. c. p. 129); constit. synod. D. Gilb. ep. Cicestrens. a. 1259 c. 31 (ibid. p. 171); constit. synod. per H. Woodloke Wint. ep. a. 1308 p. 296. — Latius de hac re tantum in const. synod R. Ledredi ep. Ossoriens. in Hibernia a. 1320 ed. tractatur: c. 7 *de firma ecclesiarum laico non concedendo* (l. c. p. 302) et c. 8 (l. c.) — Ne officia: ne cameraria et sacristia ne archidiaconatus, diaconatus darentur ad firmam constanter ab ecclesia interdictum est: ut concil. in eccl. beati Petri prope Lond. h. 1102 hab. (Will Malm. de gest. pontif. lib. I p. 228): *ut archidiaconatus non dentur ad firmam.* Bulla Alexandri III a. 1179, 28 Mai. capitulo S. Aug dat. (Elmham l. c. p. 426) cf. addit. II d. — Cf. bulla papae Coelestini a. 1191, 29. Nov. eidem monasterio de camerariae et sacristiae firma missa (Elmham l. c. p. 478); concil. Oxon. a. 1222 hab. c. 23 (Wilkims I, p. 588) constit. W. de Bleys a. 1219 (ibid. I, 571).

18) Ita archiepisc. Cantuar. in processu de Faversham (cf. supra adn. 98) ecclesiam ad firmam concessam esse posuit, quod a monasterii procuratore respectu dilucidae pontif. Clementis III prohibitionis impugnatur. Ita Matth. Paris. perniciosam pactionem et simoniacam occultamque fraudem castigat, quam Gregorium papam non puduit committere monasterio de Burgo ecclesiam quandam *ad firmam annuam centum marcarum* sibi solvendam concedentem; (hist. Anglor. Henr. III ad a. 1249 p. 375 col. 2).

annexum [19]. Cur episcopo, quasi ordinario praesentet, satis clarum est, neque examinandum puto, quid sit ius praesentandi. Minime enim meum est, elementa iuris notissimaque principia explanare, sed iis in ipsa specie intima eorum ratione perquisita uti.

Num vero statim Jocelinus ad militis praesentationem clericum instituerit, non liquet. Etenim ait pontifex: *postmodum* (s. praesentato illo) *abbatissa praedicti monasterii ad episcopum veniens aliam praesentavit eidem ad ecclesiam supra scriptam, quo nolente praesentatum ab ea recipere, apud Cantuariensem archiepiscopum gravem de episcopo deposuit quaestionem.* Contendunt igitur inter se duo tanquam patroni. Abbatissam quasi feminam idque priorissam monasterii iure praesentationis uti posse, quum universo ecclesiae iure [20], tum Anglico praesertim [21] constat. Quaeritur tantum, utrum ius praesentandi cum praedio ad firmarium translatum sit, an penes monasterium permanserit. Episcopus quidem non dubitavit, ab abbatissa praesentatum removere. Cujus sententia, num canonum principiis Britannicisque statutis congruat, suo loco apparebit. Verum abbatissa illo decreto parum contenta sibi non acquievisse videtur, quum *gravem* apud archiepiscopum de illo *quaestionem* deponeret. Quomodo hoc accipiendum sit, in interpretatorum commentariis perperam quaesivi bene explicatum. Haud difficile vero intellectu est, hoc loco nec de appellatione sensu proprio, uti plurimi putant, nec de querela simplici quaeri; sed, ni fallor, abbatissa extra iudicium appellavit [22]. Lis enim certe non intendebatur, neque ulla actio in judicium deducta est, quod et ex epistula ipsa et ex eo, quod omnino processus de iure patronatus non ad curiam christianitatis spectant, per-

---

19) De quo iure cf. Z. B. v. Espen ius ecclesiast. univers. Col. Aug. 1715 P. II tit. 25 cap. 2 n. 11 sqq. p. 651; J. H. Boehmer ius prot. eccles. lib. III f. 38 §. 106 sqq. Lippert l. c. §. 18 p. 47.

20) Cf. Francisca de Fargna: commentaria in singulos canones de iure patronatus. Romae 1718. tom. I p. 125 P. I c. IV, c. 10.

21) Tractat. de legibus (Glanvilla) lib. VI, cap. 17 §. 5 (ap. Phillips l. c. i. f. lib.)

22) De extraiudiciali appell. cf. Wetzell System d. ord. civilproc. Leipz. 1865. p. 711 sqq ibiq. cit.

spicuum est. Abbatissa omnino non cum milite agebat, sed praesentans ab episcopo removetur. Itaque nullum iudicium, nulla appellatio. Neque vero gravis illa querela simplex est, quod iam, omissis aliis rationibus, ex hac re intellegi potest, quod illi decreto reiectorio, quo praesentatio tollitur, caussae cognitio praemittenda est, quae magis ad officium iudicis quasi ius dicentis, quam ad disciplinam pertinet. Certe enim iudex ordinarius, priusquam instituat, quamvis summatim, de ea re cognoscere debet, utrum praesentans patronus, praesentatus idoneus sint, annon sint. Itaque quum hac in caussa priorissa se ab episcopo quasi iudice ordinario gravatam putaret, ad archiepiscopum, extra iudicium appellavit [23]), qui id in bonam partem accepit. *Nam si a gravamine et ante litis ingressum fuerit appellatum, huius modi audietur appellans, quoniam sacri canones etiam extra iudicium passim appellare permittunt* [24]).

Quae quidem appellatio quam bono fuerit effectu, ex insequentibus verbis Alexandri plane elucet. Is enim pergit: *Archiepiscopus quia visum sibi erat, quod factum militis super praesentatione praefata nullius esset momenti, praedicto episcopo in virtute obedientiae iniunxit, quod personam illam reciperet et in possessionem induceret, quam abbatissa sibi decreverat praesentandam.* Itaque decreto episcopi infirmato valde aliud edidit atque iudici primae instantiae exsequendum remisit. Sententiae enim episcoporum plane contrariae sunt: hic Cantuariensis contractu ad firmam nullum patronatus ius militem acquisivisse censet, ille Salabrienses eum quasi patronum habuit. Atque illo tempore claras leges de illo iure transferendo latas non esse eo potissimum patet, quod Jocelinus archiepiscopi sententiam non executus est, sed ipse quasi aegre id ferens literas haec complexas ad Alexandrum misit, ut illo: *ex literis J. Salabriensis* intellegimus.

---

23) J. H. Boehmer l. c. lit. II tit. 28 § 3 gravamen extraiudicialo a quo de iure canonico appellatio indulgetur praeter alia affert: *si quid attendatur in praeiudicium iuris patronatus*, cuius sententiae auctorem laudat Lyncker.

24) Cap. V X de appell. Ad voc. *sacri canones* notat Boehmerus: *vel potius quisquiliae Pseudi-Isidor.*

III.

De responso et pontificis disceptatione.

Aggredimur nunc ad alteram graviorem epistulae partem: pontificis responsum et disceptationem.

Nam Alexander scribit iudicibus delegatis, ut caussa ipsa diligenter perquisita secundum regulam epistula praefinitam sententiam dicerent. Quae quidem norma his verbis continetur: *mandamus, quatenus, si vobis constiterit, quod praefato militi praescripta villa fuerit non excepto iure patronatus ad firmam concessa vel antequam de iure patronatus inter abbatissam et militem controversia esset suborta, praefatus G. de Leicestria in praescripta ecclesia per episcopum ad praesentationem militis institutus fuisset ei dummodo alias sit idoneus adiudicetis ipsam ecclesiam ita, quod si abbatissa obtineat adversus militem, illi de temporalibus debeat respondere.*

Atque rescriptum si intente consideremus, nos duabus rationibus interpretari posse videmus: dico illud *vel* aut disiunctivum aut copulativum assumendo; at una alterave ratione probata, sequetur, utrum pontifex de iuris patronatus translatione disceptaverit, annon disceptaverit. Quod quam verum sit, illico apparebit.

Si enim illud *vel* disiunctivum intellegimus, papa duas diversas caussas distinguit, quodsi copulativum[25]) perspicimus, antecedentia *si vobis — concessa* tantum insequentibus rebus definiuntur, ut decisio ipsa vana redderetur, nisi ante litem ortam clericus institutus esset. Haec distinctio gravissima in interpretando cap. mirum est, quod adhuc omnes commentatores fugit atque ideo omnes superiorem interpretandi rationem (vel=aut) secuti sunt. Glossae auctor, cujus quasi vestigia omnes illi premunt, ita disserit: *mandat* (scil. papa) *iudicibus, quatenus si constiterit, quod praedicto militi villa fuerit concessa non excepto iure patronatus. vel etiam si constiterit,*

---

25) Hac ratione transferendum esset: und ausserdem, und sogar (et etiam).

quod antequam de iure pat. int. abb. et mil. controv. orta esset, praef. V. institutus fuisset per episcopum ad praesentationem militis, ecclesiam eidem adiudicetis, dummodo idoneus sit: ita, quodsi abb. obtineat adv. mil. praedictus T. illi de temp. deb. respondere: et sic in utroque casu obtinebit. Ad quae notatur: *quod ius patronatus transit cum universitate, nisi specialiter excipiatur. Item lite mota super iure praesentandi vel eligendi praesentatio postea fieri non debet vel electio et si fieret non debet confirmari vel infirmari pendente quaestione iuris patronatus vel electionis. Item praesentatio facta ab illo, qui in iuris patronatus possessione est, valet.*

Itaque secundum hanc interpretationem pontificis sententia in *prima* specie: si villa non excepto iure patronatus ad firmam data sit, firmario ius patronatus addicitur[26]), altera autem: si apparuerit, clericum ante controversiam ortam institutum esse, institutio irritanda non est (licet ius patronatus evincatur), quia firmarius quasi possessor iuris patronatus praesentavit.

At non levia contra hanc sententiam argumenta afferri possunt.

Primum quaero, num, si papa prima decreti parte firmario ius patronatus addixisset, ab eo recte ac rei conveniens factum esset, ut postea in eadem epistula hoc ius in dubium revocaret. Certum autem fixumque conspectum habemus, hoc ab eo factum esse. Nam id continetur in verbis: *si abbatissa obtineat adversus militum,* quae ita interpretanda censemus: si abbatissa in processu de iure patr. victoriam reportabit, vel: si ius patr. evicerit. Ad quod perspiciendum in memoriam revocemus, in Britannia illo tempore omnes controversias de advocationis iure ipso ad regis curiam spectasse. Quod quidem ius coronae iamiam quasi vetere consuetudine regni receptum constitutionibus Clarendoniae[27]) f. firmatur neque

26) Quod quidem glossatorem putasse ex eo apparet, quia, si firmarium verum patronum non intellexisset, perverse esset, quod clerico a milite praesentato, etiamsi ante controversiam institutus non esset ecclesiam adiudicaret.

27) *De advocatione et praesentatione ecclesiarum si controversia emerserit inter laicos vel clericos et laicos vel inter clericos in curia domini regis tra-*

in abiuratione illarum dimissum est [28]). Quo fit, ut in tractatu de legibus totiens de illo agatur. Totus enim lib IV de processu advocationis in regis curia terminando conscriptus est [29]). Persaepe etiam ecclesia illud ius cognoscendi agnovit, licet iam saeculo XIII illud quasi duram molestiam toleraret et identidem tamquam canonum sanctioni obviam impugnaret [30]): quum praesertim reges illo iure non contenti custodiam vacantium ecclesiarum sibi assumentes, haud raro ingentibus immodicisque tributis eas opprimerent. Quod quidem ius pontifici innotuisse eo magis eo corroboratur, quod ipse his verbis: *si abb. adversus mil. obtinuerit,* hoc profiteri videtur [31]).

---

ctetur vel terminetur: cap. I constit. ap. Phillips l. c I p. 162 adn. 200. — Apud Gervasium l. c. ad a. 1164 tantum exstat: *Si controversia emerserit inter laicos et clericos in curia reg.* sqq.

28) Gervasius l. c. ad a. 1172.

29) Cf. quoq. lib. I c. 3 § 1 *in curia domini regis habuit ista tractari et terminari: — placitum de advocationibus ecclesiarum;* et lib. IV c. 13 § 1 i. f.: et *quoniam lites de advocationibus ecclesiarum ad coronam et dignitatem meam pertinent.* — Cf. quoq. epistul. regis Joannis ad abbatem monast. S. Aug. a. 1201 (Thorne l. c. p. 1851): *quousque iu curia nostra discussum fuerit, ad quem eius praesentatio debeat pertinere.* — Fleta l. c. lib. V cap. XI p. 629.

30) Cf. Concil. prov. Cantuar. a. 1257 c. 25 (Wilkins I p. 728): *regi, ad quem spectat iuris patronatus cognitio;* item Artic. per dom. Rob. Lincoln ep. a. 1258 (Annal de Burton p. 421): *item licet contra canonicas sanctiones sit, quod in foro saeculari decidantur et terminentur caussae super iure patronatus, non est tamen contentus rex hac antiqua usurpatione, sed insuper* sqq. Concil Lambethense a. 1261 (Wilkins I p. 747): *de patronatu, cuius cognitionem rex de facto exercet.* — Iam a. 1282 archiep. Cantuar. scribere praesumpsit epistulam ad regem: *ne ius patronatus tractetur in curia regis* (Wilkins l. c. II p. 90). Sed cf. artic. episc. contra regem a. 1285 conscriptos cap. 2 (Wilkins II p. 115): *item, cum dominus rex cognoverat de iure patronatus* sqq. Notabiles in hac re sunt illi eius temporis processus, qui nobis traditi sunt: cf. recognitio magnae assisae de advocatione a. 1206. ap. Thorn. c. 18 § 4, recognitio assisae a. 1222 in cartulario monasterii S. Petri Gloucestriae (ed by Will. Henry Hart Lond. 1863) vol. I p. 210.

31) Nihil enim magis rationi consonum erat, quam quod papa, si, antequam clericus institutus esset, controversia oriretur, ne praeiudicium fiat vero patrono prius de iure patronatus quippe causa maiore decidendum esse diceret.

Itaque, si in glossatoris opinionem ingressi erimus, pro manifesto iudicandum est, pontificem vel vanam sane ac futilem sententiam edidisse vel supervacaneam illam quidam protulisse. Nam si in curia regis miles obtinuisset quasi patronus, Alexandri sententia superflua fuisset, sin vero abbatissa, contra papale decretum clericus a milite praesentatus removeretur. An vero quis affirmaverit, pontificem, sententiam in curia saeculari infirmari licere, diligenter concessurum vel unquam concessisse? Profecto enim infirmanda fuisset, si ius patronatus, antequam clericus institutus esset, in curia militi evictum fuerit. Neque in hac re quidquam commutatur, si illud: *si — obtineat* ad secundam tantum speciem pertinere intellegamus. Papa enim ius curiae nec ignorabat, nec ignorare debuit.

Nobis vero ad alteram in glossa positam speciem progressis graviores errores occurrunt. Ac primum quidem id statuimus, illud *non excepto iure patronatus* secundum glossatoris opinionem ad hunc alterum casum non spectare: alioquin enim inepte esset, si pontifex etiam in hac specie de firmario ipso patrono cogitasset, longius de institutione non infirmanda disserere. Sin vero hoc casu ius patronatus in datione ad firmam exceptum sit iure meritoque in dubium venire potest, num Alexandri decisio ad rationem legesque facta sit. Icti enim, qui ita interpretantur, in inextricabiles perplexasque opiniones incurrunt.

Nam in glossa ad papalem disceptationem argumentandam legimus, firmarium fuisse in iuris patronatus possessione idque potissimum ea re patere, quum miles reus in processu sit. Primum obicio, militem nunquam in seisina iuris praesentandi fuisse, si expresse exceptum esset. Illam enim duobus tantum modis acquiri posse ICti putant: ultima praesentatione cum effectu h. e. non infirmata ac tacita translatione vel expressa cum possessione praedii. Quarum quidem caussarum prior nullo modo ad id quod hoc tempore pertractamus referri potest, quum statim persona praesentata et instituta praesentatio impugnetur. Quomodo autem quis, quum ius patronatus diligenter exclusum sit, possessionem ad firmarium translatum esse, conicere possit, difficile est intellectu, nisi forte eum, qui sibi possessionem arripuerit, quasitraditione possessorem factum esse arbitretur! At illam divisionem in caussis acquirendae possessionis prorsus improbandam puto. Quod quam maxime iure Anglico confirmetur, statim luculentissime apparebit. Ex quo enim, ut ex toto iure ecclesiastico, error ille exstinguendus est, cui glossator et qui eum secuti sunt innituntur: *cum possessione praedii advocationis possessionem transire.* Quod quidem tum etiam non fit, si ius patronatus exceptum non sit. Jus tantum annectitur praedio, non autem eius possessio, neque ulla est successio in possessionem advocationis [32]). Itaque vel eum qui dominium aliudve ius in praedio, quod advocatio sequitur, acquisiverit, praesentatione praesentandi iuris possessionem apprehendere opertet [33]): quo magis eum, cui ne illud quidem competat uti in glossatoris secunda specie firmario. Nam ius patronatus exceptum putat. Exstirpanda igitur est eius opinio, haec vana argumentatio: *ita si fuit iste praesentatus ante quaestionem motam, obtinebit: quia ille credebatur patronus, cum esset in possessione totius villae (!) et ita credebat se esse patronum (!) et bona fide sic X c. consultat. Et si postea obtineat abbatissa in iure patronatus. quia probavit, quod excipit ius patronatus, respondebit.*

Ad quod probandum ridiculoso argumento utitur glossator: verbis *adversus militem* elucere, hunc reum eundemque in possessione fuisse. Certe reus erat. Sed qua de caussa? Quia

---

32) Cf. Fleta l. c. lib. III c. 15 p. 443: *advocationes autem ecclesiarum sine corporibus alienari non possunt — nec cum corpore possunt alienari, nisi alienatores in seisina praesentandi exstiterint, vel nisi in villa, in qua sita est ecclesia aliquem habeant fundum, ad quem huiusmodi advocationes pertinuerint. Et quamvis sic transferatur, donatarius tamen advocationis seisina non gaudebit, donec vacaverit, ut tunc praesentare possit et unde nulli donatario valebit donatio, antequam rei datae seisinam fuerit adeptus, quia donator possidere non desinit, donec eius donatarius possidere incipiat.*

33) Fleta lib. V c. 14 p. 630: *Dicitur etiam quis advocatus ad differentiam eorum, qui tenent quodammodo ad firmam, ut ad terminum vitae quacunque ratione, vel per intrusionem, vel per disseisinam, qui nunquam praesentaverint in vita sua verumtamen si semel praesentaverint et ita in seisina sunt praesentandi, tunc sunt quasi advocati quoad seisinam praesentandi quamdiu vixerint et fuerint in possessione rei ad quam pertinuerit advocatio.*

illa praesentatione facta possessionem, quae cum villa non confestim ad eum transferebatur, sibi arripuit. At ut institutio firma rataque permaneat, possessio ante praesentationem aut ius praesentandi requiritur: alioquin plane nulla institutio rescindenda esset.

Verum enim vero si in glossatoris partem accedamus, cap. VII a duabus aliis in Gregorii collectione exstantibus epistulis plane abhorreret atque eas in diversa traheret: dico cap. XIX. X. h. t. et cap. XVIII. X. de sent. et re iudic. Quam acriter illa interpretatio cum cap. XIX. cit. pugnet, iam ex rebus unis allatis sequitur, quum hac epistula Alexander omnem institutionem ad praesentationem eius, qui tantum crederetur patronus neque possessor quidem esset, irritandam pronuntiaret. At altera quoque epistula impugnatae sententiae resistit, qua quidem Innocentius III caussam valde similem disceptat: institutionem ad creditoris pignoraticii praesentationem factam eam ob caussam infirmari, quia debitor in contractu ineundo ius patronatus sibi reservaverit. Neque obiciatur mihi: creditori pignoraticio omnino iure patronatus uti non licere, quum hic usus quasi praedii fructus sit, qui secundum sacros canones in sortem imputari debeat ideoque ad pecuniam redigatur, quod quasi simoniam nullo modo admittendum esse. Primum enim haec analogia fructuum et usus iuris patronatus plane perversa exstirpanda est. Usu enim iuris patronatus non modo iura sed onera etiam et officia ad possessorem transferuntur. Neque ex eo, quod summum ius praesentandi omnino ad pecuniae propriam peculiaremque rationem dirigi non potest, colligere possumus, illo creditori uti non licere, sed eam potius ob caussam vel maxime ei hoc concedamus [34]). Quantum vero illa analogia a ratione

---

34) Itaque quoniam usus iuris patronatus aestimari nec potest, nec debet, sub usurarum regulam eum non cadere patet. Sin vero ex illa re Schillingius probare conatus ad creditorem pignoraticium usum i. p. non transire (cf. supra in textu), ille petitioni principii innititur, usum i. p. ad regulas de fructibus esse ordinandum Quid enim si creditor pignoraticius illis fructibus i p. usus esset, nonne secundum Schillingii sententiam, ille usus ad pecuniam redigendus et in sortem imputandus esset? [Plurimi enim fructus quasi consumti in natura restitui non possunt cf. infr. adn. 137.]

iuris patronatus abhorreat infra demum copiosius fusiusque demonstrabimus [35]). Deinceps illa obiectio epistula ipsa cit. refellitur. Si enim impugnata sententia tum in ecclesia valuisset, totus processus, totae papae decisio, omnia in eadem allata argumenta prodigii paene atque portenti similia fuissent. Nihil enim retulisset, utrum debitor expresse ius patronatus sibi retinuisset, necne, nihil ad rem tales probationes, attulissent, quae iudices fefellerunt, malitiosa fuisset episcoporum abbatumque sententia, inepta pontificis argumentatio. Itaque contendo, glossatorum interpretationem capitis VII. directe cap. XVIII. cit. resistere [36]).

Atque hoc quidem loco petitione illa uti mihi liceret ab adversariis ipsis mihi oblata, prorsus ut illos tanquam suo gladio iugulare possem. Omnes enim in illo perstant, ut ni quis possessor i. p. in bona fide sit, eiusdem praesentationes licet institutio eas iam secuta sit, penitus esse irritandas opinentur. Quam quidem sententiam etsi equidem ipse sequi minime possum [37]), tamen omnes qui usum fori sectantes, quam-

---

Quae computatio quasi simonia admitti nequit. Quibus ex rebus tanquam in circuitum sententiarum ad se ipsum redientem in seque conclusum revocamur.

35) De illa analogia, quam usque ad hoc tempus omnes fere de hac re disputantes ICti, defendunt, cf. Oesterley l. c. p. 91.

36) Ac ne id quidem videtur negligendum esse, pontificem in c. XVIII curiose accurateque illud pronuntiare: creditorem non in possessione i. p. fuisse, etiamsi et se patronum gereret, et praestationes quasi patronus acciperet, et i. p. cum universitate transire soleret, et ab episcopis patronus crederetur: Quae quidem omnia tantum tam vili habenda sunt, quia debitor i. p. sibi exceperit.

37) Nam mea quidem sententia principium illud ex fontibus non eruendum est. Omnes enim canones ita de possessione explicant, ut de bona fide nihil habeant. Illa quidem verba Alexandri III indistincte concepta (cap. XIX h. t.): *si vero tunc non possidebat ius patronatus, sed tantum credebatur esse patronus, quum tamen non esset nec possessionem patronatus haberet, secundum consuetudinem Anglicanam ab ecclesia poterit removeri*, magis meam, quum aliam opinionem comprobare videntur. Quod eo facilius cognoscitur, si ad eam *consuetudinem* respexerimus, quae quidem bonae fidei rationem habet nullam. Legimus enim in tractat. de legib. IV c. 10 §. 2: *statutum est etiam — in regno domini regis de clericis illis, qui ecclesias obtinent per tales advocatos, qui se in advocationes ecclesiarum tempore guerrae violenter intruderint, ne ecclesias illas quamdiu vixerint, omit-*

quam patronatus exceptus fuerit, tamen militem in bona fide fuisse contenderint, maximae inconstantiae incuso.

---

tant. — *Sed post decessum eorum ad rectos advocatos reverterentur praesentationes ipsarum ecclesiarum.* At ne huic legi nimiam vim ac pondus probandi tribuamus. Nam Alexandri III cit. constitutio ab Anglica consuetudine magis abhorrere, quam cum ea videtur convenire, ut plane intellegitur collatione cap. cit. cum prima parte leg. cit. Quum autem in consuetudinibus de irritandis institutionibus vel non irritandis, potissimum ecclesiarum commodi ratio habeatur, nostra sententia sine dubio iustior est. Neque cap. XX. X. de praescript. nobis obstat. Quid enim habet praescriptio cum infirmanda institutione coniunctum? Illa enim patrono ius suum penitus detrahitur, hac tantum in una caussa praesentationis. Et ecclesiae summum esset damnum, si clericus idoneus ad praesentationem eius, qui patronus credebatur et in possessione erat, institutus, multo post possit removeri, quia eius praesentatio a malae fidei possessore facta sit. Qua ratione iure Anglico constitutum est, ad putativi etiam patroni praesentationem institutum postea removeri non posse, dummodo ille tempore praesentationis patronus crederetur. Qua constitutione nihil mihi magis rationi et canonum principiis conveniens videtur, quamquam propter cap. XIX. h. t. in ecclesia non valet. Videamus vero, quae sit ratio illius sententiae ICtorum. Iam Panormitanus l. c. ad cap. VII, quem plurimi ICti secuti sunt, caussam affert: *quoniam praesentans erat possessor bonae fidei: secus si malae fidei, quia sicut possessor malae fidei non facit fructos suos, etiam quos consumpsit, ita nec iste potuit valide praesentare.* Cf. quoque Rochi de Curte tract. de iure patron. in quindecim volum. tract. variis viris interpr. collect. Lugd. 1549 tom. XV p. 355 n. 28 Paul. de Citadinis tract. de iure patron. (ibid.) P. VI art. 3 p. 393 n. 64. J. Phil. Portius consil. lib. III cons. 102 p. 233 col. 2. Ioann. Borcholten Consilia tom. II p. 13 col. 1 (Helmstad. 1600). Gonzalez de Tellez ad cap. XIX h. t. ibiq. cit. Fr. de Fargna. l. c. P. II c. 26 c. I p. 444. Quam vero perversa ac prava haec similitudo sit — quam iamiam supr. reprehendi — haud difficili versatur cognitione. Argumentantur ICti ita: praesentatio est iuris patronatus fructus, bonae fidei possessor vero paene loco domini est ideoque fructus suos facit Non item malae fidei possessor, qui omnes fructus restituere tenetur: itaque praesentatio quoque rescindenda est. Concedo bonae fidei possessorem fructus suos facere, sed constat quoq. eum fructus exstantes praestare debere. Quaeritur igitur utrum institutio comprobata fructus consumtus sit, an exstans. Si consumtus est h. e si institutio rescindi nequit, a malae fidei possessore aestimatio praestanda est; quum autem nec ius patronatus nec eius usus pecunia redimi possit, malae fidei possessor ab omni praestatione liber atque immunis est. Itaque perinde atque bon. f. possessor consumtione fructus suos facit. Quid vero? si fructus exstant h. e. si in natura restitui pos-

Quibus perpensis non nimis temerarius aut protervus mihi videor, quum dicam, glossatoris interpretationem atque communem opinionem veram non esse[38]), neque vel intellegendum esse disiunctivum. Si enim accurate Alexandri epistulam investigemus, nos non fugiet, pontificis rationem valde diversam fuisse, ac quae ei a ICtis affingi soleat.

Quae ratio statim patebit, si altero illo modo, quem supra posui, vocem vel interpretemur h. e. si illud quasi et etiam sonare intellegamus, quo ambo casus, quos ICti distinguunt in unum contrahuntur. Quae quum sequamur, pontifex ait: si vobis constiterit, quod militi villa non excepto iure patronatus ad firmam concessa fuerit atque insuper, antequam de iure patr. inter abbatissam et militem controversia esset suborta, praefatus G. de L. in ecclesia per episcopum ad praesentationem institutus fuisset, ei — adiudicetis ecclesiam. Itaque Alexander tantum de non irritanda institutione iudicavit.

Jamque supra probavi in Anglia lites de advocatione ecclesiarum ad curiam regis tractas esse ibique terminandas. Quod adeo ab omnibus agnoscebatur, ut ne breve quidem de prohibendo placito in curia christianitatis ratione laicarum litium de patronatu tractatui de legibus insereretur. Itaque, uti demonstravi, pontificis non erat, de iure patronatus eiusque transitu iudicare. Sed aliud ius de advocationibus ecclesiae competebat cognoscendi, utrum clericus ad non-patroni praesentationem institutus, si postea ius p. evictum sit, ab ecclesia removeri debeat, necne. Quod in tract. de legib. lib. IV

---

sunt, si institutio rescindi potest, nonne tum bon. f. possessor officio iudicis eos restituere condemnandus est? Nonne igitur hoc quoque loco bona fides parum ponderis est? Ergo omnimodo illa analogia reprobetur neque video, ne institutio irritetur, cur bonam fidem necessariam habeamus. At idem non ignoro, omnes ICtos illam oppugnatam sententiam secutos eamque in usum fori receptam esse.

38) Una ratione, quam vero glossator non intellexit, eius sententia aliquo modo comprobari possit, si coniciamus, cap. VII. multo ante cap. XIX. h. t. editum et ipso iure Anglicano interpretandum esse. Quo enim etiam illius, qui credebatur patronus, praesentatio rata permanebat, si institutio eam secuta sit. Cf. tract. de legib. IV, c. 10 §. 1. Quum autem cap. VII. cum cap. XIX. h. t. in decretalium collectionem receptum sit, illa interpretatio admitti nequit.

c. 10 § 1 expresse confirmatum est[39]). Itaque in hac caussa, quum quaestio de institutione clerici G. de L. moveretur, optimo iure Alexander, processu de iure patr. ipso ad curiam regis revocato, de institutione iamiam facta disceptavit. Atque duabus quidem rationibus eius sententia innitur: primum quod datione ad firmam non excepto iure patronatus facta iustum quendam titulum apprehendendae iuris patronatus possessionis firmarius habuit, deinde quod clericus idoneus ante controversiam ortam ad militis praesentationem institutus est. Quae quum ita sint, pontifex institutum removendum non esse, rescripsit.

Quid pontifex prima ratione sibi velit, ex rebus supra explicatis ipsaque iuris patronatus natura dilucide apparet. Pontificem militi ius patronatus non addicere satis superque demonstravi. Nam si ius postea evictum fuerit, institutio clerici irritanda esset[40]). Itaque militem praesentantem possessorem iuris patr. fuisse vel iure quodam praesentasse accipiamus oportet. At quaero, quomodo hoc fieri potuerit, quum praesentatione demum miles possessionem apprehenderet. In qua quidem difficultate e medio tollenda illud Fletae supra allatum (cf. adn. 133) gravissimum est. Ibidem enim firmarium, cui non excepto iure p. praedium, cui ius patronatus annectitur, concessum sit, apprehensione possessorem fieri atque tam diu permanere traditur, quamdiu in seisina praedii permaneat. Itaque tamen seisina iuris patronatus cum praedii illa ita coniuncta videtur, ut semel acquisita una cum illa retineatur[41]). Quale igitur ius quis in praedio habet, eiusmodi

---

39) l. c.: *de clerico autem, persona eiusdem ecclesiae quid erit faciendum, qui personatum eiusdem ecclesiae se habuisse per eius praesentationem dixerit in curia? Equidem in curia domini regis nihil amplius de eo agetur, nisi quod de advocatione ipsa inter advocatos iudicabitur, sed in curia christianitatis advocatus, qui de novo ius evicit versus clericum ipsum coram episcopo suo vel eius officiali placitabit.*

40) Cf. cap. XIX, X. h. t.

41) Cf. adn. 133. In Fleta tum haec sequuntur: *Et priusquam verus possessor seisinam rei recuperavit in pertinentiis nihil iuris poterit vindicare, quum non poterit quis prius praesentare vel habere pertinentias antequam*

fortasse coniciatur, in iure patronatus realis quippe re ad praedium pertinente[42]) acquirit. Quo quidem sensu vera est illa sententia: cum universitate possessionem iuris patronatus transire. Warrantum enim auctoremque ratione usus iuris p. eum, qui ad firmam dedit, vocare licet[43]), quum illius possessio firmario ita accedat ut praesentans ultima auctoris praesentatione innitatur, quae quidem omnia accedere non possunt, si ius p. exceptum sit[44]). Itaque pontifex ratione seisinae iuris praesentandi, quam a firmario iure apprehensam putat, clerico ecclesiam addicit. In qua re, num ius patronatus quod miles sibi assumpsit, postea evictum sit, nihil refert[45]).

Sed ad alteram Alexandri rationem decidendi accedamus. Requiritur enim etiam clericum ante litem ortam institutum esse. Notissimum enim est, pendente controversia nihil esse innovandum nec unius, nec alterius clericum admittendum[46]); alioquin collatio facta per breve *quare incumbravit* infirmaretur[47]) atque si lis intra legitimum tempus[48]) finita non sit,

---

habuerit corpus ad quod sequuntur pertinentiae. Est igitur verus advocatus ad quem pertinet proprietas et seisina ex nomine proprio et haeredibus suis et non alieno.

42) De hac i. p. realis qualitate cf. Fleta lib. III c. 2. i. f. p. 382; c. 1 p. 371; c. 14 p. 443; c. 15 p. 443.

43) Cf. Tract. de legib. XIII c. 20 §. 3; Fleta lib. III c. 15 p. 444.

44) Exemplum dationis ad firmam *excepto iure patronatus* in dipl. supra all. a. 1223 conf. *de controversia collegii ecclesiae S. Steph. Mogunt cum Eppsteiniis* exstat cf. adn. 86.

45) Cf. c. XIX. h. t., c. XXVII. h. t. Blackstone comment. on the laws of England (ed. II) tom. III p. 263 sqq.: qui confirmat, nostris temporibus eadem valere atque Alexandri III, sed etiam introductum esse tempus quoddam fatale, in quo patrono vero petere liceat, ut institutio facta rescindatur.

46) De qua re prolixius in glossa ad voc.: *vel antequam*] disputatur.

47) Cf. Fleta lib. IV c. 1 p. 463: Remarque 1: *le Bref de quare incumbravit, avoit pour but de faire déclarer nulle la collation de l'Evêque, qui durant le litige et en dedans les six mois du jour du décès du dernier Pourvu, avoit conféré le Bénéfice.* ibid. lib. V c. 14 p. 640. Cf. quoq. ibid. p. 195.

48) Scil. secundum canones sex vel quatuor menses. Sed in Anglia tum inter laicum et ecclesiasticum non talem differentiam exstitisse videtur.

neque victor praesentaverit[49]), hac vice ius praesentandi ad episcopum iudicem ordinarium devolvitur[50]). Quae omnia satis constant.

Atque si tum demum totius argumentationis summam subducamus, haec quasi gravissima ponenda sunt:

1) falsam esse opinionem eorum, qui pontificem duas in cap. VII caussas distinguere censeant,
2) eum firmario ius patronatus non addicere,
3) possessionem iuris patronatus, praesertim quum exceptum sit, non cum universitate transire[50a]),
4) firmarium quasi-advocatum esse — verus enim patronus

Egomet terminum quattuor mensium in fontibus Alexandri et Innoc. III temporis non inveni. Sed conc. Later. III c. IX (in aliis collect. VIII) apud Gervasium Chron. p. 1449 allegatur et ad hoc quoque archiepiscopus Cantuar. a. 1202 in concertatione cum monasterio S. Aug. de eccl. de Middelton recurrit (Thorne l. c. p. 1860) his verbis: *cum praescriptio sex mensium auctoritate Lateranensis concilii currens contra patronum omnino non praesentantem aeque curratur sicut contra patronum vitiosum praesentantem* sqq. — quo archiepiscopus ipse testatur, illam duram compositionem, qua sub auspiciis regis Henrici a. 1182 (VIII d. Mart.) confecta monasterio respectu omnium ecclesiarum sui patronatus tantum XL dies ad praesentandum concessi erant (cf. hist. mon. S. Aug. by Elmham p. 450: charta regis Henrici), observatam non esse. Cf quoq. art. episc. contra reg. a. 1285 (Wilkins II p. 115 cap. 2 resp.) ubi rex pronuntiat, sibi tempus in ecclesiis non currere.

49) Illa opinio Hostiensis pendente lite de iure praesentandi quasi possessori praesentationem competere (cf. v. Espen l. c. P. II tit. 25 c. 5 §. 45), quam etiam Joan. Andr. in c. cum venisset (II) X de rest. in integ. plurimique alii (cf. Casp. Klocki Consil. tom. I Norimb. 1673 cons. 51 p. 751 ibiq. cit.) sectati sunt, nec ratione nec fontibus adiuvatur. Atque eodem modo reicienda est sententia, praesentationem, si de iure patronatus procedatur, interim possessori licere (Schilling l. c. p. 50. At cf. iamiam Klock. l. c.), quum persaepe potissimum propter instantem praesentationem -processus de iure intendatur ne hac vice patronus commodo iuris sui defraudetur.

50) Ita constitutum est in conc. Lateranensi et insuper in cap. XXII. et XXVII. X h. t. Cf. quoq Concil. Oxoniens. a. 1222 can. VI. (Wilkins l. c. I p. 586). Fleta l. c. p. 637. Schilling l. c. § 35 p. 56; §. 45.

50a) Cf. quoq. Britton chap. XC p. 357 *mes a ceux, qui tenent par feffement sqq.* Et inprimis cf. ibid. p. 378 sqq. et remarque.

dominus praedii permanet[51]) — idque eo titulo, quo usus praedii ei concessus sit h. e. ex contractu ad firmam[52]). Qua in novissima re tota vis totaque cap. VII. auctoritas vertitur. Omnia enim huc redeunt, ut in expedito est, quale firmarii ius fuerit: utrum personale tantum conventione inter praedii dominum illumque conditum, an ius in re fuerit. Ac cum legum quidem canonumque ratione nihil magis videtur pugnare, quam transitus usus iuris patr. ad conductorem[52a]). Quis enim nihil iuris habet in re principali, quid quaero, ei in accessoria sibi vindicare licet? Sin igitur legibus ad vasallum[53]), creditorem pignoraticium[54]) tacite ius utendi advocatione trans-

51) Cf. Fleta l. c. p. 636 cf adn. 141. quin etiam in donatione *si donator aliquid sibi retinuerit, quamvis minimam partem fundi, semper remanebit advocatio cum parte retenta, nisi specialis mentio in aliquo dono fiat de advocatione.* (Fleta p. 444 sqq.) Cf. Britton chap. XCII p. 359. De patronatu in grosso cf. Fleta p. 443 Remarque.

52) Utrum firmarius proprio nomine an alieno h. e. nomine domini praesentare debeat, dubitari potest. Secundum Fletam cf. supra adn. 133 suo nomine videtur praesentare, quum haec: *et dicitur quis advocatus ad differentiam eorum, qui praesentant nomine alieno, sicut custos praesentans ratione custodiae, qui non est advocatus, sed ille cuius nomine praesentavit:* opponantur his verbis: *dicitur etiam quis advocatus ad differentiam eorum, qui tenent quodammodo ad firmam vel per intrusionem sqq.* Intrusores enim suo nomine praesentare, quis est qui neget? Quibuscum rebus Britton bene consentit l. c. p. 359: *a ceo que contenu est en le Bref sqq.* At in l'ancien Coutumier du p. et d. de Normandie chap. CIX exstant valde diversa: *et aulcunes fois aulcun présente à aucune église par raison de garde ou de fief* (quod vero proprie est feudum) *qu'il a engagé ou comme attourné. Et il ne praesente pas comme patron, mais en lieu de patron et telle saisine ne doit pas estre rendu a ceulx, qui derrainement présenterent; mais à ceulx en lieu de qui ils présenterent, ou à leurs prochains hoirs s'ils sont morts.*

52a) De hac re cf. infra N. IV.

53) Cf c. XIII. X. h. t., cf. dipl. ad a 1206 ap. Thorn. c. XVIII § 3 p. 1863; § 4 ibid.

54) In hac re, quae J. H. Boehmerus exponit, prorsus comprobo: J. E. P. l. c. § 112. Cf. contra Lippert l. c. p. 171. Schilling l. c. p. 22 sqq. At vid. supr. p. 38. [Canon illius syn. Mogunt. a. 1310 hab., quem Boehmer. affert, tantum iteratio et confirmatio prioris a. 1233 hab. est. Cf Mone l. c. tom. III p. 123 can. 27: *si aliquis praedium suum, cui attinet ius patronatus obligaverit, quia frequens super hoc emergerit dubitatio, quis habeat praesentare, dominus vel creditor sacro annuente concil. statuimus*

feratur, quid habet haec res cum conductore[55])? Creditor enim pignoraticius iusto titulo possessor praedii est iustoque titulo iure patronatus utitur.

At haec omnia omnino vera non essent si, ut nonnulli volunt, firmarius conductor esset. Boehmerus quidem, qui illum ita intellegit, eam ob caussam valde in angustiis versatur atque, quum tamen conductori ius patronatus concedere noluerit, ad absurdam argumentationem perducitur.

IV.

Examinantur doctorum opiniones, quatenus ad doctrinam de iure patronatus ad emphyteutam, usufructuarium, conductorem transferendo cap. VII tractandum sit.

Jam Innocentius IV[56]), cuius opinio in hoc cap. interpretando summa auctoritate est, ad voc. firmam: *talem*, inquit, *contractum inter se celebraverant, quod utile dominium in conductorem transierat, et ideo de iure ipsum transierat ius patronatus cum universitate, secus in creditorem sup. de sent. et re iud. c. cum Bertholdus, ubi not., nam in eum nec utile dominium transit, nec directum*[57]), quam sententiam praecipue propter iuris p. quippe iuris spirituali annexi naturam probari posse insequentibus rebus exponit. Quem quidem plurimi ICti et glossa sequuntur. At iamiam Panormitanus, quem vox

---

ut non quidem creditor sed dominus habeat praesentare, etiamsi non exceperit ius patronatus; hoc ita duximus statuendum, si contractus usurarius vel in fraudem usurarum ventus fuerit inter ipsos; indignum enim est, quod creditori ex illicito contractu praesentatio beneficii ecclesiastici adquiratur vel aliquid commodi ultra sortem. — Itaque non omnino translatio negatur.]

55) Etsi enim locatione — conductione locator obligari potest, ut conductori omnibus rebus et accessoriis quoque uti frui liceat (nisi in hac re simonia inest!), tamen conductor neutiquam tacite ius acquirit praesentandi.

56) Commentar. ad cap. VII cit.

57) Quam incerta notio firmae tum in Italia fuerit, eo patet, quod Innocentii verba in glossam recepta sunt his antepositis: quidam dicunt.

utile dominium fefellit, ad firmae naturam demonstrandam haec auguratus est: *quod hic fuit initus talis contractus, per quem transivit dominium videlicet villae, utputa quod locatio fuit ad magnum tempus* (ad quod probandum Innoc. auctorem laudat) *et sic, cum conductor habeatur hic loco domini, respectu utilis dominii transit etiam ius patronatus.* Itaque firmam locationem[59]) ad longum tempus intellexit: atque in creditorem pignoraticium, uti glo. et Host., ius patronatus non transire contendit; sed longe alia ex caussa, quia creditor tenetur restituere omnes fructus, quos percepit ex re pignorata. Quibus denique addit: *pro hoc dico dispositionem huius c. non procedere, si locatio fuisset facta ad modicum tempus, quum tunc non transiret dominium utile nec possessio: sed detentio, quod colonus ad modicum tempus possidet domino et non sibi.* Quae quidem sententia valde ab Abbatis illa discrepat, qui in cap. IV ne prael. vic. suas (V, 5) locationem ad septem annos firmam intellexit. Attamen, licet cap. II. X loc. et cond. Panormitani sententiae obstare videatur, mirabili modo ea saeculo XVI communis reddita est atque illo ex argumento eius, quod tantum exempli causa affert, natura firmae definitur quasi locationis ad longum tempus, qua utile dominium transit. Ita Rochi de Curte[60]), qui huius sententiae sectatores Paulum de Castro et Bartolum laudat, ita Paul. de Citadinis[61]) et Gonzalesius[62]). Item Franz. de Roye et de Fargna[63]), quos van Espen[64]) secutus haec conicit: *ad firmam i. e. ad longum tempus locatam (s. villam), quae elocatio naturam sapiebat cuiusdam contractus emphyteuticarii vel potius censualis, quo utile dominium transfertur.* Ad quod probandum

---

58) l. c. ad cap. VII cit.

59) Cf. Glossa ad cap. II X loc. et cond. (III, 18) casus. Gl. ad cap. VII cit. casus; Gl. ad cap. IV ne prael. vic. suas. ad voc. querelam.

60) l. c. p. 371 n. 54.

61) l. c. p. 393 n. 64; p. 401 n. 12.

62) l. c. ad cap. VII X h. t.

63) l. c. P. II can. XIV, XV cas. I p. 228 sq.

64) l. c P. II tit. 25 c. 4 § 8 sqq.

65) Consil iurid. Hallens. ICtorum Halle 1733 tom. I P. II p. 14 cons. V.

loco quodam ex Ingulphi historia deprompto, quem de Roye attulerat, usus est.

At alteram sententiam Abbatis non omnino obliteratam esse, probat consil. quoddam[65]) iurid. a. S. Strykio a. 1693 datum, in quo legimus: *quod 4) cum universitate bonorum et iurium translata etiam transferatur ius patronatus — welches auch von einem conductore gewiss ist: c. VII. X. de iure patron.* — Quam quidem opinionem J. H. Boehmerus[66]) ita usurpavit, ut illud dominium utile contractu ad firmam transferri refutare conatus, sententiam, firmam omnem locationem (sensu iuris Romani), *κατ' ἐξοχὴν* autem locationem ad longissimum tempus vel perpetuariam intellegendam esse poneret. Qua ratione translationem iuris patronatus ad conductorem simplicem e cap. VII. minime probari contendit(!). Quem praeter Oesterley[67]), ut equidem puto, nemo secutus est.

Recentiore autem tempore ICtus quidam, dico Lippertium[68]), Panormitani sententiam multis novisque argumentis confirmare studuit argumentatus: manufirmas (quas intellegit praedia ad firmam data) firmario principio ad vitam tantum vel brevius temporis spatium dimissas esse; postea autem in consuetudinem venisse, ut eae etiam ad heredes transferrentur ita, ut Alexandri temporibus firma omnino locatio hereditaria (*Erbpacht*) intellegenda esset. Qua locatione firmarium ius reale acquirere non dubitat. — Schillingius[69]) demum, qui novissimus de hac re scripsit, ita perplexam sententiam explicat, ut difficile, quid velit, perspiciatur. Sed ni fallor, eius opinio huc recurrit: primum firmam fuisse locationem, ex qua tantum obligatio nasceretur, posteriore tempore autem (Alexandri saeculo) eandem omni ex parte emphyteusi vel Germanico censui hereditario adaequatam et ideo essentiam iuris firmarii realem esse[70]). Quamquam enim Lippertii sententiam

---

66) l. c. lib. III tit. 38 § 113—115.

67) l. c. p. 79.

68) l. c. p. 164—169.

69) l. c. p. 22 adn. 98; p. 24 adn. 114; p. 25 adn. 118.

70) l. c. adn. 114: *denn obwohl die firma ursprueuglich nur ein pachtcontrakt war, also nur ein persoenliches recht hervorbrachte, so ge-*

de firmae origine probat, tamen temporis spatium nullius ponderis esse neque quidquam ad naturam firmae definiendam referre putat.

Verum enim vero omnes hi ICti, excepto S. Strykio, in hoc conveniunt, ius patronatus ex cap. VII, ad conductorem non transferri; omnes autem magis coniectare, quam fontibus inniti videntur. Quae enim diplomata ab iis allegantur aut non Anglica aut tam minima sunt, ut ex iis contractus natura enucleari nequeat. Valde mirum vero est, quod illud Panormitani de longinquitate temporis, qui fortasse de perpetuo contractu[71]) vel contractu ad censum hereditarium cap. VII. X. de reb. eccl., vel contractu libellario, vel locatione perpetua cap. IX h. t. cogitavit, quod illud tam communiter a ICtis receptum est neque quisquam laborem illius sententiae examinandae suscepit. Tam lasciva enim et parum accurata interpretandi ratio, quam nonnulli ICti secuti sunt, rem magis intricat, quam dilucidam reddit.

Itaque fortasse a garrulitate vanaque allegationum iactatione excusabor, si de hac re prolixius disseram.

V.

De firma ad vitam, perpetua, ad maius vel modicum tempus.

Iam supra probavi, firmam locationem esse ad certum annuum censum. Naturam vero concessionis indefinitam reliqui. Hoc quidem constat: firmae vocem esse valde ambiguam, quum ad omnem censum pro concessione praedii aliqua usurpari possit. Non miremur igitur, quod etiam in rebus valde diversis nobis occurrit. Priusquam vero ad ipsam contractus naturam exponendam aggrediar, illum iam notatum et fere communem errorem reprobare liceat: firmam Alexandri tempo-

---

waehrte si doch spaeterhin nutzbares eigenthum *und wurde in allen stuecken der roemischen emphyteuse und dem deutschen* erbzinse (! itaque haec synonyma sunt?) *gleichgestellt.*

71) Cf. c. V X de reb. eccles. (III, 13).

ribus vel postea omnino locationem fuisse ad longum tempus vel perpetuatam.

Ac primum quidem animadvertendum est, in omnibus fere diplomatis, quae de firma exstant, tempus etiam usque ad quod facta sit, definiri. Nihil enim de temporis spatio *firmae* inest nec non ad quodlibet tempus iniri potest.

1. Firma ad vitam:

a. Ante Alexandri coronationem. Si hanc rem, quod antiquissimi contractus ad firmam, qui nobis traditi sunt, ad vitae tempus confecti sunt, ad coniecturam aliquam revocare velimus, colligatur primo tempore concessionem ad vitam maxime usitatam fuisse. Iam supra duos illos contractus abbatum de Medehamstede ex Chronico Anglosaxonico depromptos attuli [72]), quorum uno quidem certe constitutum erat, ut praedium mortuo firmario ad monasterium rediret. Idem temporis spatium vid. in contractu quodam ad firmam, quem Eduardi confessoris tempore confectum Matth. Paris. tradit [72a]): *item praedictus abbas iste Leofstanus concessit Tovae viduae villam, quae dicitur Cristina, ad firmam pro uno sextario mellis triginta duarum unciarium ecclesiae S. Albani in vita sua reddendo, datis ab ipsa eidem abbati proinde tribus marcis auri in gersoma. Quaecunque in chirographis Anglicis huius ecclesiae reperiuntur.* Tres similes contractus inveniuntur apud Thornium ad a. 988 [73]), a. 1074 [74]), a. 1079 [75]). Quo tempore confecta traditio ad firmam exstat apud Matth. Paris. [76]) quae valde memorabilis est, quum de processu postea

72) Cf supra adn. 59 p 15 sq. et addit I c.

72a) vit. vig trium abb. p. 28 col. 2 B. Cf. quoque illum contractum in hist. Ramesiensi c 48 (gale I p. 416) valde veterem.

73) l c. cap V §. 13 p 1780. Etiamsi hic non expresse concessio: *datio ad firman* appellatur, tamen eam talem esse ex sqq. adn. 174 et 175 sequitur.

74) l. c. cap. VII §. 5 p 1789.

75) l. c. cap. VII §. 6 p 1789. *Sybertiswald dimittitur ad firmam.*

76) vit. vig. tr. abb. p. 33: *tradidit insuper* (abbas) *ad firmam P. seniori de Valrinis silvam, quae dicitur Northaga, quamdiu viveret, pro XXV solidis et duabus accipitribus, annuatim eidem reddendis eo tamen tenore, ut*

de illa firma suborto Alexander pontifex sententiam diceret. Qua in caussa quaestio movebatur, utrum firmarius iure hereditario, an secundum contractum ad vitae tantum terminum praedium possedisset. Itaque patet, Alexandro firmam ad vitam constitutam satis notam fuisse.

b. Alexandro mortuo perinde firmae ad vitam inveniuntur, atque eius temporibus. Quales contractus permulti in cartulario monasterii S. Petri Gloucestriae exstant, licet nonnumquam contrahentes voce firmae usi non sint [77]). Quorum ex numero affero unum tantum quoddam dipl. CCL (de Elmora et Pucilecrofth [78]): *notum sit omnibus quod ego Henricus Dei g. abbas et conventus S. Petri Gl., tradidimus Petro B. duas virgatas terrae in T. tenendas de nobis ad firmam tantum in vita sua* [79]). Quo intellegitur, aliquoties ad maius temporis spatium firmas constitutas esse [80]). Atque aliud concessionis ad vitam exemplum laudatur ap. Thornium ad a. 1249 [81]): *tradiderunt ad firmam in vita sua medietatem — decimarum — ecclesiae —; habendam et tenendam dictam medietatem maiorum decimarum ad firmam quoad vixerit pro XX marcis sterlingorum.* Neque hoc loco praetermittatur bulla iam saepius a me allagata [82]) Innocentii IV ad a. 1249, in qua expresse ait: *aliquibus ad vitam, quibusdam vero ad non modicum tempus et aliis perpetuo ad firmam sub censu annuo concesserunt.* Itaque arguo, ad

---

in fine vitae suae nulli amico vel etiam haeredi ipsam villam concederet sed ex conventione ecclesiae SOti Albani liberam redderet et quietam. Cf. ibid. infra p. 53 sqq ubi processus et sententia exstant

77) Historia et cart. mon. S. Petri Gloucestriae Lond. 1863 vol. I dipl XX p 160; dipl. XXXI p. 165 (ad vitam Henrici et uxoris suae); dipl. LXXIII p. 187; dipl CXXII p 219; dipl CXXV p 221; dipl. CCCXXIII p. 358 quae documenta cf. cum illo quod in addit III a. recepi.

78) Cf. additam III a.

79) Concessio ad vitam concedentis ibidem exstat in dipl. CCCLXX a. 1205—1224 p 366.

80) Et firmas huius praecipua praedii. Non vero ex hoc dipl. colligi potest, regulariter firmas ad heredes extensas esse.

81) l c. p. 1895.

82) Cf. addit. II a Cf quoq. processum super firma de Mydelton a. 1313 ap. Thornium p. 2078: *manerium ad terminum vitae vel ad firmam.*

valde diversos terminos firmas fieri. Quam ob caussam nihil miri habet, quod

2. Firmae ad longiora temporis spatia vel non modicum tempus et ante et post Alexandri tempora in usu fuerunt: uti firmae ad C. annorum[83]), ad duorum vel trium hominum vitam[84]). Blackstone etiam tradit[85]) in Madox collection of ancients instruments dationes ad firmam ad trecentos vel mille annorum tempore Eduardi I factas inveniri.

3. Perpetua firma:

primum in charta quadam regis Henrici a. 1100—1135 mihi occurrit[86]). Postea vero saepius: uti Alexandri III tempore in donatione quadam monasterio S. Petri Gloc. collata, cuius charta in cartulario cit. exstat[87]); uti Gregorio IX regnante in concessione ecclesiae cuiusdam ad perpetuam firmam[88]). Un-

83) Ita affert Ingulphus in hist. sua mon. Croyl. (ap. Savile p. 891 sq., p. 898, p. 912) contractum de manerio. de Badby ante Canuti tempora factum. [De illo manerio cf. dipl. CCXCVII a. 868 (Kemble cod dipl. tom II p 89) et chronic. abbat. de Evesham p. 303.]

84) De quibus autem firmis diligenter distinguendae sunt donationes ad duorum pluriumve vitam: cf. Kemble l. c. I introd. p. XXXIV. Fleta lib. III c. 12 p. 416. Ad firmam autem spectat Domesdeyb.: Wirescire (terra S. Mariae de Persore) *hanc terram tenuit Azor et inde serviebat ecclesiae et pro recognitione dabat in anno monachis unam firmam aut XX sol. et erat conventio, ut post mortem eius et uxoris suae rediret terra ad dominium ecclesiae.* — ibid.: hanc (terram) emit quidam Godricus T. regis E. vita trium heredum et dabat in anno monachis unam firmam pro recognitione. Modo (s. temp. Will.) habet hanc terram tertius heres, scil. Urso, qui eam tenet, post eius mortem debet redire ad eccles. S. M. (Gale l. c. I. p. 768). Cf. alia exempla in Cartul. S. Petr. Glouc dipl. XXXI p. 165; dipl. XLIV p. 172 (a. 1263—1284) *et ad vitam suam — et ad vitam uxoris — et ad vitam unius de liberis;* dipl. CXXV p. 221; dipl. CXXVI p. 222 (eod. temp.) Cf. quoque Fleta p. 592 (firma XL annorum).

85) l. c. tom. II p 164.

86) Histor. monast. de Abingd. vol. II p. 66.

87) Cartul. mon. S. P. Gl p. 157 dipl. XIV et XV (cf. cum *list of donations to the monastery* p. 59 de *Aldesworthe* et p. 19 de Hamelino abbate, ex quo tempus editorum diplomatum statui potest).

88) a. 1241. Charta notabilis illius conventionis exstat ap. Thornium l. c. p. 2190. Quae conventio bulla Alexandri IV ibid. confirmatur. Cf. quoq. dipl. p. 2107.

dique autem firma ita constituitur, ut perpetuam esse plane eluceat[89]). Neque ullum argumentum ex hac perpetua firma sumatur, firmam omnino hereditariam fuisse[90]), quod iamiam dictis satis refutatur. Attamen hoc usque in medium prolatis impugnata sententia confirmari videtur, firmam fuisse concessionem ad longum tempus. At ne hoc quidem veritatis numeros in se habet, ut ex rebus, quae sequuntur, illico apparebit.

4. Firma ad modicum tempus.

Omissis illis firmis, quas ex historia Ramesiensi iam supra allegavi[91]), affero ad refutandam illam sententiam diplomata non multo post Alexandri decessum conscripta[92]). Atque primum quidem chartam valde notabilem intra a. 1205—1224 factam ex cartulario monast. S. Petri Gloc., qua monasterio praedium quoddam in quattuordecim annos et una virgata terrae in tresdecim annos ad firmam conceduntur. Quam tabulam in Additam. III. b. recepi. Item committitur a. 1250 a conventu monast. de Theokesberia[93]) ad tres annos ecclesia S. C. capellano cuidam ad firmam; similiter ad unum annum ecclesia S. W. capellano pro XV marcis. Item[94]) quisquam ab eodem monasterio ecclesiam de L. per V. annos ad firmam habuit (VII. d. Iul. 1252); item alius quis illi monasterio manerium quoddam a. 1249[95]) ad terminum XXV annorum ad firmam dimisit — Sed, et hoc gravissimum est, legibus ecclesiasticis diligenter stricteque ecclesiarum ratione firma ad longum tempus vel ad vitam inhibebatur. Quae pro-

---

89) Cf. dipl. XIX in cartul. mon. S. P. G. p. 159 *tradiderunt ad perpetuam firmam omnes decimationes.* Cf. Annal. de Theokesberia ad a. 1220 p. 65. *dedimus autem pro dicta terra nomine perpetuae firmae.*

90) Cf. Matth. Paris. vit. vig. tr. abb. p. 53 sqq. (processus de silva Northaga. (Annales de Theokesb. p. 75 ad a. 1230 ubi perspicuis verbis opponitur firma iuri heriditario.)

91) Cf. supra adn 76 p. 19.

92) Valde antiquius exemplum talis firmae quippe ad XX annor. ap. Matth. Paris. vit. vig. tr. abb. p. 29 col. 1 F. invenitur.

93) Annales le Theokesb. ad a. cit. p. 141.

94) ibid. p. 148.

95) ibid. ad an. cit. p. 168.

hibitio iam in synodo Calchuthensi [96]) promulgata, in syn. prov. Scoticano a. 1225 [97]) ita definitur: *ut ecclesiae nec laicis unquam nec personis ecclesiasticis etiam ultra quinquennium ad firmam conferantur, nec eo finito renoventur eisdem.* Quae quidem constitutio in universum, nonnullis tantum rebus mutatis in acta concilii a. 1237 Londini hab. [98]) recepta constitutionibusque synod. Ledredi ep. Ossor. a. 1320 [99]) confirmata est.

Ex quibus allatis quod probaturus sum, verum esse iam plane elucet. Omnia enim huc redeunt, ut firma respectu temporis nullam certam regulam sequatur. Ergo datio ad firmam nec locatio ad longum tempus nec hereditaria est. Quod quam maxime illo corroboratur, quod Joh. Furdunius in historia sua Scotorum [100]) de statu regni tempore Malcolmi exponit: *nam eo tempore,* inquit, *totum paene regnum dividebatur in thanagiis, de quibus autem cuique dedit (s. Malcolmus), prout placuit, vel singulis annis ad firmam, ut agricolis vel ad decem annorum, seu viginti, seu vitae terminum, cum uno saltem aut duobus haeredibus, ut liberis et generosis quibusdam itaque, sed paucis in perpetuum, ut militibus, thanis, principibus, nec tamen adeo libere, quin eorum quilibet domino persolveret annuatim certum censum.*

Ergo haud difficile intellegemus, quomodo illud in annalibus de Theokesb. accipiendum sit: (ad a. 1220) [1]): *prioratus noster de Kerdif vocatis domum monachis traditur ad*

---

96) a. 816 hab. (Wilkins l. c. I p. 170) cap. VII *ut nulli — licitum sit aliquid de possessione agrorum ecclesiarum minuere, vel alicui in hereditatem deputare, nisi in dies et spatium unius hominis et hoc cum consensu familiae et iterum reddatur ecclesiae.*

97) Ap. Wilkins I p. 609 *de locato et conducto.*

98) Cap. VIII (Wilkins I p. 651) *ne ecclesia ultra quinquennium detur ad firmam.*

99) Cap. VIII (Wilkins II p. 502). Itaque in articulis inquisitionis factae per dioecesim Lichfeldiae exstat quaestio: *an aliqui ratione longae firmae se faciant rectores vel vicarios vel veros possessores aliquarum decimarum.* (Annales de Burton (l. c. p. 297 ad a. 1252).

100) lib. III c. 43 (Gale l. c. I p. 686). Firmam autem Scotorum Anglorumque eandem fuisse quum aliis ex locis tum ex allato synodi prov. Scotic. canone patet.

1) l. c. p. 65.

firmam non tamen ad certum tempus. — Solebat enim ut potissimum ex Fleta [2]) et traité de Britton [3]) patet, firma ad certum terminum constitui, quum, nisi fiat, omnino incertum sit, quamdiu firmario re locata uti liceat. Quo casu autem secundum ius Anglorum rem ad libitum dantis ad firmam concessam esse praesumitur. Quo quidem recognitio quaedam a. 1192 (XXVIII d. Febr.) spectat, quam Gervasius nobis prodit [4]): *iuraverunt tactis sacrosanctis homines XII de eodem tenemento, quod praedictus R. in iam dicta terra nunquam habebat haereditatem, sed ut firmarius ad libitum monasterii solum habebat ut serviens custodiam.* Qua ratione illa datio ad firmam (ante a. 1066) in hist. Ramesiensi c. 89 [5]) et revocatio ad proprios usus molendini, quod ad firmam positum erat ab abbatia Eveshamiensi [6]) nihil difficultutis praebent.

Quodsi cum his explicatis illa conferuntur, quae Lippertius ad sententia praeoccupatam confirmandam sibi effinxit, nemo, credo, me reprehendet, quod eius interpretandi rationem libidinosam vocaverim. Versatur enim in sententiis tam vagis vanisque, quae perinde ad emphyteutam atque vasallum, ad Germanicam locationem hereditariam atque manufirmam Gallorum pertineant, neque, si ad unum alterumve eas repetere velis, penitus rectae sunt. Etenim argumentis, ut supra dixi, Gallicis, Belgicis diplomatis et uno Anglico utitur [7]), quod ne intellexit quidem. Summam vero sententiae suae ita ipse exponit [8]): *der namentlich in England haeufig vorgekommene vertrag ad firmam manum (!), ein contractsverhaeltniss, welches*

---

2) Cf. p. 447 i f.; p. 590 sqq.

3) Cf. cap. LXIV *des fermers* p. 261 sqq. — Cf quoq. Ingulphus l. c. p. 912: *dimisi pro certo reditu annuali et aliis servitiis excolendis quibusdam ad firmam et certum numerum annorum.*

4) ap. Twysden l. c. p. 1571.

5) ap. Gale I p. 445.

6) Chronicon abbat. de Evesh. ad a. 1231—2 p. 276.

7) Profecto doleo, quod dipl. 147 illud ad a. 1344 ap. Guden. in cod. diplom. Gott. 1784 tom. II p. 2 p. 1087 exstans eum fugit. Fortasse enim ad nostram sententiam comprobandam eum commoveret.

8) l. c p. 168.

mehr dem charakter der erbpacht (!), als dem lehnsvertrage sich naehert, auf das aber der erfolg des allgemeinen angestrengten Strebens der vasallen, die ihnen an den zu lehen gegebenen liegenschaften verliehenen berechtigungen auch ihren erben gesichert zu wissen, seinen einfluss nicht verfehlte, so dass auch die firmarichen gueter wohl in derselben periode, in welcher sich die erblichkeit des lehns entschied, gleiche eigenschaft erhielten (!) — Sed haec hactenus.

Quid vero, quaero, ex rebus modo enucleatis ratione c. VII. interpretandi concludi potest? Eatenus profecto res ad liquidum perducta est, ut ICtorum, qui firmarium tantum conductorem ad longissimum tempus intellegant, uti omnes fere cap. cit. commentatores, eorum dico, sententia refutata videatur esse. Si quis igitur illa tantum falsa ratione conductori ius patronatus denegandum esse contenderit, etiam in hac re reiectus est. Ergo tota Boehmeri argumentatio destituta videtur.

Verum enim vero maior ICtorum pars non tam longum tempus quam naturam firmae realem reprobandae translationis patronatus ad conductòrem caussam intellegunt: atque Innocentius quidem IV. ea potissimum ratione, quum utile dominium firmae inesse putaret ideoque creditori pignoraticio etiam advocationem non concederet. Quocum ICto omnes fere doctores hodie quoque consentiunt.

Quaeritur igitur num in hac re perinde, atque sententiis de firmae erraverint termino.

VI.

De firmae propria peculiarique natura.

Etsi firma principio tantum censum sonat vel pensionem, tamen datio ad firmam contractus certus certisque legibus subiectus est; cuius natura, quamvis ratione naturalium et accidentalium variari commutarique possit, ipsa tamen hac re non variatur neque ita incerta est, quae definiri non possit. Ac primum quidem in disserendo de illo contractu perversam illam opinionem removeamus, omnes res atque institutiones ad ius Romanorum Germanorumve esse referendas. Jus enim Anglicum proprium est et indigenum neque eo tempore, quo epistulam Alexander conscripsit ius Romanorum in Anglia latius propagatum nedum eo quidquam commutatum erat[9]). Nimirum negare velim, iam in Glanvillae tractatu Romanorum terminos esse insertos ipsumque iustitiarium in eorum iure edoctum fuisse — reputa partem illam tractatus de obligationibus — at res ipsae hac re non attinguntur, nisi magis dilucidae redditae sint. Itaque iam leviter res consideranti eorum opinio confutanda videtur, qui firmarium emphyteuticario vel Germanico coloniario iure usum esse contendant[10]). Quae quam vera et quasi quam recte riteque a me dicta sint, ex rebus, statim explanandis, haud difficile est intellectu.

Omnium primum duae firmae inter se valde divergentes distinguendae sunt: feudifirma (vel feofirma) et firma simplex.

Feudifirma[11]) enim, quae valde similis est manufirmae[12]), ipsum feudum est, de quo certus reditus censusve domino solvitur[13]) nec non homagium[14]), relevium[15]) aliaque servitia

---

9) Cf. Houard l. c. tom. III p. 37 sqq. in adn.; Savigny, Geschichte des Roem. rechts im mittelalter tom. IV p. 413 sqq.; p. 580 sqq. ibiq. cit.

10) Cf. Schilling l. c. p 22 adn. 98: *der contractus ad firmam — ist nichts anderes, als die Roemische emphyteuse oder der deutsche erbzins, nicht erbpacht, wie ihn Lippert nennt.* Cf. quoq. supr. adn. 170.

11) Cf. Somner. glossar. ad voc. cit., Du Cang. ad h. verb.; sed ex iis, quae afferunt, rebus feudifirmae natura satis intellegi nequit.

12) Cf. Du Cang. l. c., qui vero in errore versatur, quum manufirmam et feudifirmam eandem esse arbitretur. Diplomata, quae affert, nihil ad sententiam suam comprobandam referunt, pertinent enim ad feudifirmam.

13) Fleta lib. III cap. IX p. 404 *constitutum est, quod si quis terram suam alicui demiserit ad feudifirmam, ut faciat ei proinde ad valentiam veri valoris, vel saltem quartae partis per annum* sqq. Cf. Britton chap. LXVI p. 270.

14) Ita a chronographo annal. de Theokesb. ad a. 1213 infeudatio regis Joannis per papam *feodifirmae nomine* (sc. pro Anglia DCC et pro Hibernia CC marcarum) facta vocatur (anal. l. c. p. 60). Cf. ibid. p. 149 ad a. 1252, XIII. Aug. exemplum celeberrimum feudifirmae (salvo etiam homagio suo et heredum suorum). Thorne l. c. c. XVIII §. 4 ad a. 1206 p. 1864.

15) Annal. de Theokesb. l. c. p. 149.

praestari solent, etiamsi haec in charta contractus firmarium exprimere oportet [16]). Quo quidem mortuo, domino usque ad legitimam heredis aetatem interdum eius warda praediique custodia datur [17]) atque utique feudifirma ad heredes tranfertur [18]). Verum censu per biennium non soluto domino praedium recuperare licet [19]). Quae omnia in firma simplici desideramus. Quin etiam feudum et firma accurate invicem opponuntur [20]). Itaque in diplomatis perscrutandis diligentissime dispiciamus, ne illam pro feudo accipiamus; nam saepe Angli voce firmae abusive quasi pro feudifirma utuntur. Quo quidem casu ex conditionibus appositis num feudifirma sit, perspicuum est. Sin vero nuda datio ad firmam, omissis homagio, relevio, maritagio, custodia, ut in Alexandri epistula commemoratur, illa neutiquam feudifirma intellegenda est.

16) Cf. Britton. l. c. *Des queux tenements ne prient estre demandes homages, ne gardes, ne mariayes, ne reliefs, sauns especialte de escript.*

17) Thorne l. c. §. 3 p. 1864. Annal. de Burton. *magna charta Henrici* ad a. 1225 p. 229 *si aliquis teneat de nobis feudi-firmam* sqq., quae constitutio e magna charta Joannis deprompta est: Cf. Matth. Paris. hist. Angl. p. 179 *si aliq. ten. de nob per feudi-firmam* sqq. Annal. de Theokesb. l. c. p. 149. - Fleta lib. I cap. XI § 2 p. 15. — Feudifirmarium curiam domini sequi probatur lege Henrici I. c. LVI (Anc. laws p 240).

18) Cf. Du Cang. l. c. Praeterea cf. Matth. Paris. vit. vig. tr. abb. p. 35 col 2 B. — Annal. de Theokesb. ad a. 1251 p. 160, ubi tres feudifirmae exstant. Thorne l c. c. XXI § 4 p. 1881; §. 12 p. 1886; c. XXXIII §. 1 p. 2015, p. 2019. Cartul. mon. S. Petr. Glouc. ad a. 1316 p. 150.

19) Cf. Fleta l. c. (cf. adn. 213) ubi sequuntur haec: *et tenens cessaverit de servitio et permittit terram iacere incultam, vel alio modo custodiatur, quominus distringi possit in eadem, extunc oritur Donatori vel heredi suo actio ad petend' ten' illud in Dominico, dum tamen solutio servitii per biennium cessaverit per Breve sequens; verum tamen si tenens ante iudicium contra ipsum redditur in Cur'. venerit, et areraq' et dampna reddere sit paratus, offerat securitatem invenire, prout Curia considerabit, ad faciend' vel reddend' deinceps quod in Charta continetur, tunc remaneat ten' ei, qui, si iudicium expectet, ab actione in perpetuum sit exclusus.* Cf Britton l. c. *feefermes sount terres tenues en fee a respoundre pur eux par an le verrey value, ou plus ou meyns, de la quele rente si le feffes cessent a respoundre par deux ans ensemble, par taunt acrest accion as feffour ou a lour heires a demaunder les tenements en demeyne.*

20) Cf Matth. Paris vit. vig. tr. abb. p. 33 coc. 2 D.

II. Neque minus, si ad firmam ipsam aggrediamur, illae firmae quasi huc non pertinentes removendae sunt, quae tanquam census perpetui aut lege aut testamento[21]) aut pacto impositae a proprio alodio solvuntur[22]). Nam hoc loco non nisi de datione i. e. concessione, locatione ad firmam disputamus. Mittamus igitur firmam villanorum, cotsettorum, geburorum, sokemannorum, servorum[23]). Si enim homini eius conditionis praedium ad firmam dimittebatur[24]), aut illius *rectitudines* aut communes de contractu ad firmam leges locum habebant[25]). Quae quidem leges nunc explicandae sunt.

---

21) Firmae ita constitutae exemplum vetustissimum invenies ap. Thorn. l. c. cap. V §. 2 ad a. 861 p. 1776. Licet enim inscriptio *firma manerii de B.* a Thornio concepta sit, — ut ex voce *manerii* satis patet —, tamen hac re probatur censum illum pro firma acceptum esse. — Cf. charta de Gatesdene (Edwardi confess. temp. conf.) in additam. ap. Matth. Paris. p. 158 col. 2. Huc pertinet charta XXXIV. in cartul. mon. S. P. Glouc.

22) Talis census, cuius ortus memoriam excedit vid. ap. Thorn. in processu *super firma manerii regis de Mydelton* p. 2072 sqq. Cf. praecip. dipl. ex compote Ric. de Ponte p. 2073 et certificatio in brevi regis p. 2079.

23) Cf. inprim. Rectitud. sing. pers. in Addit. IV. a. p. 85. Huc quoque dipl. valde memorabile in histor. eccles. Eliensis lib. II c. 26 (Gale I p. 584) referendum esse puto. Statuuntur in eodem *ex nutu regis Canuti annuae firmae* dictae ecclesiae h. e. imponuntur hominibus ecclesiae certi census: nam omnia ibid. allata praedia, ut ex cap. 30 lib. II patet, monasterii erant. (Cf. quoq. privil. Edwardi ibid. c. 31.) — Huc porro spectant supra allat. cf. adn. 72. 73. Fortasse ita *firma* in c. 34 in histor. Rames. (chirogr. Aerkentel.) (Gale I p. 410) et c. 39 (p. 417) intellegenda est.

24) Cf. Constit. edit. a bon. mem. dom. W. de Bleys a. 1219 (Wilkins I p. 571) *ne terras ecclesiarum dentur ad firmam laicis vel liberis hominibus.* (Ergo servis terras dare licet?). Cf eiusd ep. constit. a. 1229 (ibid. p. 626). Quomodo haec accipienda sint, dilucide apparet ex stat. syn. W. et S. Norvic. ep. a. 1257 (ibid. p. 733) *inhibemus etiam firmiter, ne laicis aliquibus committantur ad firmam liberae terrae ecclesiarum de decimis, nisi forte de iisdem laici sint ecclesiarum servi et tunc hoc fiat de licentia dioecesani.* Ratio patet: nam si servis concedebantur ad firmam non metuendum erat, ne illi sibi terras quasi proprias et hereditates arriperent, quod in firmis liberorum hominum persaepe ad gravissimum ecclesiarum damnum evenit.

25) Leg. Henrici I c. LVI pr.: *Si inter aliquem et firmarium suum, qui non etiam sit homo suus, de his, quae ad firmam pertinent contro-*

III. Etenim firma conventione tantum aut testamento constituitur, qua re obligatio inter partes exsistit. Firma ipsa autem ius in re aliena est, quod quidem nihil cum emphyteusi locationeve hereditaria habet. Est enim illa ius alienis rebus, praediis reditibusve, utendi fruendi pro certa certis terminis solvenda mercede. Atque res firmae non tantum praedia sed iura etiam posse esse, vel maxime firmis wapentachiorum, hundredorum, forestarum, cet. probatur [26]).

Ac primum quidem firmarii ius diligonter consideremus.

In qua re nihil magis attendendum puto, quam ne Anglorum consuetudine Romanorum terminis utendi eo perducamur, ut iis veram rei naturam explicari censeamus. Ita enim Matth. Paris. de firmario quodam ait: *cum per multos annos silvam de N.: ut usufructuarius possedisset* [27]), et supra: *silvae de N. usufructum, quoad viveret concesserat.* Ita in Fleta quoque saepius firmarii ius ususfructus vocatur [28]) uti illo: *firmarius nihil iuris vindicare poterit, prae-*

---

versia oriatur, sive de taleis agatur, sive de supplecione in ipso manerio, sit de caetero sicut in caeteris, et infr. §. 3 h. l.

26) Reges enim vicecomitibus. baillivis hundreda, wapentachia, thritinga ad firmam dabant [cf. Order. Vital. l. c. lib. XI, p. 805; Matth. Paris. hist. Angl. ad a. 1215 p. 179 col. 1 D.: omnis comitatus et hundredi et wapentag et thretingi sunt ad antiquas firmas absque ullo incremento, exceptis dominicis maneriis nostris; . Annal. de Burton ad a. 1254 p. 332; cf. Fleta lib. I c. 20 § 48, lib. II c. 43 p. 211. (De wapent., thriting. etc. cf. Rog. de Hoveden l. c. p. 607. Fleta p. 200.)] ea conditione, ut omnes haberent proventus comitatus, certam autem firmam regi praestare tenerentur. Cf. Thorne l. c. p. 2073, p. 2075. Cartul. mon. S. Petr. Gloc. p. 151. Fleta lib. II cap. 32 p. 188. (Cf. de hac re Houard l. c. tom. IV p. 48 adn., qui vero de feo-ferme agit). Huc leges quoque Henrici I, c. 10 §. 3, c. 19 pertinere conicio: cf. supra adn. 70 p. 18, quas Schmid l. c. gloss. ad voce *feorm* non intellexit. — De *forestariorum firmis* cf. Annal. de Burton ad a. 1225 *charta de Foresta;* Matth. Paris. vit. vig. tr. abb. p. 100 inquisit. de foresfacturis div. sup. Foresta dom. Regis a. 1245 (cf. hist. Angl. l. p. 447) quod in Fletam lib. II c. 41 p. 203 receptum est.

27) vit. vig. tr. abb. p. 53 cf. cum p. 33 ibid.

28) Cf. lib. III c. 12 §. 7 p. 417; lib. IV c. 31 pr. et §. 9 p. 593.

ter usumfructum. Atque valde ab usufructu firma discedit, quamquam permultis in rebus in unum conveniant. Habet enim firmarius plenissimum ius praedio utendi fruendi, dummodo ne vastum faciat. Detinet deinde rem ipsam, sed nec est in possessione nec iura possessionis habere videtur. Quod quidem perspicuis verbis in fontibus identidem pronuntiatum est. Nam persaepe firmarius *alieno nomine* vel *domini nomine* dicitur possidere [29]), persaepe quasi inter se in hac re aequales et pares firmarii, custodes, procuratores enumerantur [30]). Quin etiam firmarius ipse procurator vocatur [31]). Quid igitur magis est rei conveniens ipsi iure possessionis assisaque novae disseisinae denegandis [32])? Quid au-

---

29) Cf. Fleta: lib. IV cap. 11 pr. *dicere etiam poterit quod querela ad ipsum non pertinet, nisi assisa, quia non tenuit ten' nomine proprio, sed alieno, sicut custos, firmarius, procurator.* Cf. Britton. chap. XL p. 173 *mes si ascun fermer se tient en terre que ne soit point engette ne atturne al purchassour, si le dounour prend cel ferme et deuye, son heire recouera 'la terre par la continuaunce de la seisine en nosme del donour:* sqq. Cf Fleta III, c. 15 §. 7, §. 11.

30) Cf. supra adn. 229. Cf. Fleta lib. IV c. 13 pr. p. 524.

31) Cf. Concil. Oxoniens a. 1222 hab. (Wilkins I p. 596) *nullus clericus aliquod beneficium ecclesiasticum alicui tradat ad firmam, nec etiam fructus decimarum ante separationem earundem vendere licet. Si quis clericus beneficium suum in casu licito ad firmam committere voluerit, statuimus, ut tali pacto committat quod velit et valeat domos et aedeficia sustinere et alia honorifica ipsius parochialia et episcopalia sufficienter sustinere. Qui autem beneficium sic alterius susceperit, archidiacono loci praesentetur in capitulo et tamquam generalis procurator, quoad illius beneficium pro tempore, quo inter eos convenit ibidem statuatur.* Cf. bulla Nicolai IV ad a. 1291 (Wilkins II p 181) [Qua ratione saepius prohibetur, *ne patroni ecclesias ad firmam teneant,* quum hac re se in officium intromittant vel ecclesias ipsas appropriare soleant cf const quaed. synod. a. 1237 (Wilkins I. p. 660); charta valde notabilis ap. Thorn. a. 1234 p. 1881.] Quam quidem rationem in saecularibus quoque firmis valuisse quam plurimis probatur dipl., in quibus firmarius quasi custodiam serviens vocatur: cf. hist. Rames. c. 89 (Gale I p. 445) cf. supr. adn. 76 p. 19; Gervasius l. c. cf. supr. adn. 104 p. 55; Thorne l. c. p. 2008 §. 17, ibid. p. 2073, 2079. Chart. XXXIV in Cartul. mon. S. P. Gl. p. 166.

32) Cf. Britton. chap. XLIII p. 188: *toute gent ne ount mye accion unement a recouerer par cette Assise. Car a nul ne cyt remedie graunte par ceste Assise, que avera este engette de possession que il auera tenu en*

tem magis a ratione semotius quam illud illius ius utile dominium intellegi? Ad quam quidem falsam sententiam, confutandam satis est illud Fletae afferre: *si quis igitur assissam portaverit nov. diss. cum fuerit firmarius, cum non competit ei assisa cum tenet alieno nomine, si postmodum incipiat habere in feudo et fiat dominus ubi prius firmarius, quaero an Breve impetratum ei prodesse debeat; et videtur quod non, quia tempore impetrationis non habuit ius impetrandi et ideo spectandum est tempus datae* [33]). Itaque nihil habet difficultatis, quod disseisito firmario dominus disseisiri videtur [34]), dissaisiente illo hic ipse advocans in poenam disseisinae incurrit [35]). Nec tamen firmarius omni ex parte usufructuario iure utitur. Primum enim mercedem solvere tenetur quasi proprium firmae (cf. infra p. 64). Deinde firmam ipsam alienare atque ad alium transferre potest [36]). Denique a cautione usufructuaria liber est. Jus ipsum firmarii autem reale esse quum aliis ex rebus, tum ex actionibus, quibus illud illi persequi licet, luculentissime statim patebit. Etenim unus quisque intra firmae terminum firmarium expellere vel perturbare ita prohibetur, ut nec infeudatione, nec alienatione a domino facta [37]), nec re iudicata, si per collusionem illius vel defaltam fuerit iudicata [38]), nec demum terra propter domini feloniam

---

autry nosme, si come Baillyfe, gardeyn, attorne, ou fermer que auera tenu a terme des ans teles demeynes par villeyns customes sauns title de don ou de feffemeut, sqq. — Cf. quoq. Fleta lib. IV. c. 31 §. 4 p. 591. Cf. adn. 233.

33) l. c. lib. IV. c. 22 §. 10 p 561.

34) Cf. Britton. chap. XLII. p. 181.

35) Cf Fleta lib IV cap. 13 p. 521.

36) Cf. inprimis dipl. CCCLIV. in Cartul. mon. S. P. Gl. p. 356 (addit. II. b) Fleta lib. I c. 20 §. 108. Singulare igitur est, quod firmarius ecclesiae in conc. prov. Scotic. a 1225 inhibetur, quominus alii eam ad firmam tradat. (Wilkins I p. 617 c. LXXVIII.) — Cf Ingulph. l. c (Savile) p. 891 sqq. 898. Rog. de Hoveden. (Savile) p. 745 *et cum firmarii firmas suas dimiserint* sqq.

37) Fleta lib. IV. c. 31 p. 591 sqq. Britton. chap LXIV p. 261 sqq.

38) Fleta lib. II. c. 55. § 8. p. 202: *Constitutum est, quod si quis in huiusmodi locis ten' demiserit ad terminum annorum et ille, cuius liberum est tenementum, permiserit se inde implacitari per collusionem et defaltam fecerit*

aliqua ex parte eschaeta reddita [39]), firmario praeiudicetur. Qua de re Fletae auctor bene ait [40]): *si Dominus proprietatis ten' ad firmam traditum alicui dederit in dominico tenend', seisinam ei facere poterit, salvo Firmario termino suo. Poterit enim eum inducere in seisinam vacuam quantum ad ipsum et suos, et attornare ei Firmarium et servitium suum, cum tamen utatur feoffatus nec explecia capiat nec Firmarium impediat uti, nec ipsum eiciat. Poterit enim quilibet eorum sine praeiudicio alterius in seisina esse eiusdem ten', unus ut de termino alius de feodo vel libero ten.* — Quod si tamen propter ius firmam constituentis deficiens hanc firmarius amittat, ille brevi de conventione conventus quanti huius intererat, re sibi uti frui licere, condemnatur. Dominus enim warantus vocatur [41]) ideoque defensionem caussamque contra vindicantem subire debet. Quod ni faciat, sive nolit sive non possit, uti supra dixi, ad firmarii damnum sarciendum tenetur [42]). Ad quem quidem finem firmarius contra dominum brevi de conventione experitur. *Sed quia tale breve locum habere non potuit inter alios, nisi tantum inter illum, qui ad firmam tradidit ad terminum et illum, qui ce-*

---

post defaltam, vel reddere voluerit, ut faciat firmarium terminum suum amittere et petens querelaverit, ita quod firmarius habere poterit recuperare per Breve de conventione, quod Maior et Ballivi inquirere possint per Visnetum in praesentia firmarii et tenentis, an petens implacitaverit per ius, quod habuerit, vel per collusionem, vel per fraudem firmarii: et si compertum fuerit per inquisitionem quod petens moveat Placitum per ius quod habuit, procedatur ad iudicium pro petente: et si inveniatur, quod in fraudem firmarii, remaneat firmarius in termino suo, et executio iudicii remaneat in suspenso pro petente quo usque terminus praeterierit.

39) Cf. Fleta lib. III cap. 11 § 2 p. 410.

40) Lib. IV cap. 31 p. 592 sq Cf Remarque ibid.

41) Quod si firmarius eum vocare vult, praedium suum non esse dicit atque Dominum ipsum laudat: cf. tract. de leg. lib. III c. 1 § 1. De illius Warrantia cf. Reg. de Hoveden Annales (Savile p. 745): *dominus autem rex illis, qui wardas illas et eschaetas ad firmam tenent eos usque ad terminum suum de anno in annum warantizabit.* Cf. Thorn dipl. a. 1241 p. 2191; dipl. XIV p. 157, dipl. CCL p. 295, dipl. CCCLIV p. 357 (additam. III, a; III, c) in Cartul. mon. S. P. Gl.

42) Cf. tract. de legib. lib. III c. 4 §. 7. Fleta l. c. lib. IV c. 31 p. 592 sq. — Cf. adn. 241.

perit, nec alios ligare poterit obligatio conventionis, et etiam quia inter tales personas vix potuit terminari negotium, ideo de Consilio Cur. provisum fuit Firmario contra quoscunque deiectores [43]), et dominum ipsum et eius successores omnesque extraneos actionibus vel propter eiectionem datis vel ad vindicationem successoris depellendam. Quibus ius suum tuetur et terminum cum damnis firmarius recuperat, etiamsi dominus contractu nec ad warantizandum nec escambium faciendum obligatur [44]).

2. Altrorsus autem firmarius tenetur a) ut statuto termino mercedem solvat [45]), quae voluntate partium maior minorve statui potuit. Iam in Domesdeyb. exstat firmae exemplum [46]), quae tanta fuit, ut vicecomes, qui eam solvere debebat *multum in ea perderet.* Quocum conferatur articulorum quidam Oxoniensium a. 1258 prolatorum [47]): *item de vicecomitum firmis* [48]) *et aliorum ballivorum liberorum, qui capiunt comitatus et alias ballivas ad firmam, qui etiam habent comitatus suos ad tam altam firmam, quod non possunt dictam firmam inde levare.* Quo etiam illa diplomata spectant, quibus traditur, ad ecclesiae cuiusdam summam utilitatem magni census ratione res ad firmam concessas esse. Atque nonnumquam monasteriorum chronographi narrant: *praedium antea pro exigua pensione dimissum tum demum ad maiorem firmam locatum esse* [49]). Variantur autem mercedes per-

---

43) Fleta l. c.

44) Fleta l c., ubi formulae actionum h. s. Brevia afferuntur. Cf. Britton chap. LXIV. Blackstone l c. tom. III c 11 p. 218 sq. (de *writ eiectione firmae* et *writ quare eiecit infra terminum).*

45) Tract. de leg. lib. X c. 18 §. 1. Supervacaneum duco, hoc documentis affirmare.

46) Wirecestrescire (Gale I p. 767). Cf. Terra regis (p. 767): *in ipsis puteis habebat Edwinus LI salinas et dimid. et de hoccis habebat VI sol. et VIII denarios, hoc totum reddebat de firma XXIV lib. Modo habet rex W. in dominio et quando Rex E. et quando comes E. habebat, inde reddebat vicec.* 65 *lib. ad peis et* 11 *mittas salis dum silvam habuit: si enim silvam non habuit, nullomodo, dicit Humf. reddere potest.*

47) Annales de Burton ad a. 1258 p. 441.

48) Cf. supra adn. 226 p. 60.

49) Cf. Chronic. abb. de Evesham a. 1367–1379 p. 303.

saepe una cum personis, quibus maneria conceduntur: provoco tantum ad illud in Domesdeyb. [50]): *Praeter haec habebat rex XX lib. et comes X lib. de firma Burgi, aut plus aut minus, sicut poterat collocari partem suam.* Licet enim quoque in gratiam firmarii partes de minima firma nonnumquam convenerint [51]), tamen ut papa Nicolaus recte dicit in hac re uterque contrahentium ut conditionem suam meliorem faciat, studere solet [52]).

Quid vero, si firmarius solutionem omiserit vel tardus fuerit in solvendo? Quam in caussam Eduardus in constit. de Rothelan hac lege prospexit [53]): *et sciendum est, quod per breve de conventione petitur liberum tenementum in casu, quum aliquis demittat terram alteri reddendo inde quandam certam firmam apposita conditione, quod nisi fuerit ei satisfactum de firma, liceat ei terram, quam demisit, reingredi et tenere, si ille cui terra fuerit demissa non satis fecerit, habeat postetatem secundum tenorem scripti ingrediendi terram, quam dimisit.* Itaque si tale pactum adiectum non esset, tantum debiti nomine conductor conveniendus erat. Quod aequum videbatur. Quapropter iam in tractatu de leg. [54]) omnino locatori non conceditur, si conductor censum suum statuto ter-

---

50) Huntodunscire (Gale I, p. 771).

51) Persaepe abbates in gravia monasteriorum dispendia damnaque maneria eorum cognatis, suis vel amicis pro exiguo censu ad firmam tradebant, quod Matth. Paris. saepenumero reprehendit, vit. vig. tr. abb. p. 33, p. 59. Cf. Chronic. abbat. de Evesham a. 1160-1191, p. 101, p. 1191—1195 p. 105. Si vero praedium perpetuo ad firmam concedatur firma modica esse solebat. [Cf. Concil. Lond a. 1237 can. 9 (Wilkins I p. 651)] quod rationi consonum videtur.

52) Bulla papae Nicolai IV a. 1291 (Wilkins II p. 181 sqq.). Notabile est, quod firma in constit. Walteri de Kerkham ep. Dunelmensis (a. 1255 Wilk. I p. 705) cum usuris confertur et omnino prohibetur.

53) Ancient laws and institutes of Wales ed by Aneurin Owen Lond. 1841. p. 870 sqq.

54) lib. X. c. 18 §. 1 *sed quid, si conductor censum suum statuto termino non solverit, numquid et in hoc casu licet locatori ipsum sua auctoritate expellere.* Phillips l. c. II p. 228 errat, qui hac lege potestatem expellendi locatori omnimodo concedi putat. Illud *numquid* enim ad negationem spectat. Cf. tract. de leg IV. c. 9 § 4 i. f. *numquid — eo amittet.* et ibid. c 10 §. 1, 2.

mino non solverit, ipsum sua auctoritate expellere. Ergo locatori ius privationis omnimodo non competit [55]), nisi in conventione concessum sit vel breve de expellendo acceperit. Solum modo enim sua auctoritate firmarium reicere non licebat [56]).

Praeter pensionem autem interdum gersuma [57]) quoque et prae manibus quidquam [58]) contractus initio solvitur. Quin etiam locatori iuramentum fidelitatis [59]) praestitum esse invenimus. Quod quidem neutiquam homagium intellegamus, sed tantum iuramentum, *quod fidelis erit firmarius* (domino praedii) *et quod nec artem nec ingenium per se vel per alium exquiret, unde* (dominus) *per tenuram eius damnum incurrat.* — At haec omnia non ad essentialia firmae spectant.

b. Jam firmarius omnia onera, quae praedio inhaerent, subire debet [60]): ut decimas solvendas [61]) aliaque expletia vel servitia regalia, nisi dilucide excipiantur.

c. Deinde firmarius bene praedio utatur oportet neque vastum

---

55) Itaque nonnumquam in contractibus clausula privationis apponitur, cf. Annal. de Theokesb. ad a. 1230 p. 75 *dedimus eam ad firmam. — Quod si dictus firmarius non solverit firmam ad diem praefixum eadem carebit in perpetuum.* Cf quoq. ibid. ad a. 1242 p. 125 *propter privationem Rogeri M., quam fecit (prior) super solutione, quam facere omisit de firma praedictae ecclesiae.* Cf. demum Matth. Paris. vit. vig. tr. abb. p. 29 col. 1 F. Fleta p. 418 Remarque de Normannorum iure.

56) De vicecomitibus, firmariis, ballivis libertatum, qui firmas solvere negligunt. Cf. Fleta lib. II cap. 32 §. 2 p. 188.

57) Cf. Matth. Paris. vit. vig. tr. abb. p. 28 col. 2 B., p. 33 col. 2; Domesdeyb. Warwicscire (Gale I p. 772) *modo intra firmam* sqq.

58) Ita in perpetua firma: Annal. de Theokesb. p. 65 ita in simplici firma: Cartul. mon. S. P. Gl. dipl. CCCLIV p. 356 (a. 1205—1224) cf. addit. III, 6, ubi autem tota firma initio contractus prae manibus pacatur.

59) Cf. Cartul. cit. dipl. CCL: additam III, a.; cf. cum dipl. CXXIII p. 219, dipl. XLIV p. 172, dipl. CXXV p. 221.

60) Cf. Thorne dipl. a. 1241 p. 2107.

61) Cf. supra adn. 79 p. 21. Cf. Annal. de Burton a. 1254 p. 326 (literae episc. Norvic.). Cf. bulla Nicolai in adn. 252 cit.

faciat[62]) neque ultra modum arbores succidat[63]), neque homines manumittat aliave in damnum manerii committat. Quae omnia in baronorum providentiis a. 1259 — licet iam dudum valerent — bene constituta sunt ita[64]): *purvue est ke-nul fermer en le tens de lur ferme ne facent vent ne exil de boys, mescuns, homes, ne de autre chose ke al tenement, ke il unt a ferme, apende, si il ne eient especial escrit ke mention face ke il pussent cele vent fere.* Ergo, nisi in conventione concedatur, firmario ius vendendi non competit. Sed potest concedi. Quod quidem gravissimum est ad propriam peculiaremque firmae naturam intellegendam. — Sin autem firmarius contra leges vastaverit vel alienaverit in provisionibus constituitur, ut 'damnum sarciat: *et si il le facent et scient ateinz, de ceo rendent les damages*[65]) atque ita devastanti, si a domino disseisitus sit, assisa novae diss. denegatur[66]). At casum praestare firmarius non tenetur[67]).

d. Denique termino firma interiecto domino praedium restituere debet. Quod ni faciat, sed dominum admittere nolit

---

62) Ecclesiasticis legibus iubetur, ut firmarius *fructus in bonos usus convertat*, ut concil. Oxoniens, a. 1222 can. 30 (Wilkins I p. 391); constit. W. de Bl'eys a. 1229 c. 17 (ibid. p. 625); constit. A. de Bridfort, Sar. ep., a. 1256 (ibid p. 717) *ut veri videamus* sqq.

63) Matth. Paris, vit. vig. tr. abb. p. 54 i. f. — Constitut. quibusd. synod. a. 1237 èd. (Wilkins I p. 662) datio ecclesiae a firmam prohibetur, *nisi prius sufficienter de indemnitute caveatur* (cautio usufructuaria?).

64) Annales de Burton ad a. 1259 p. 475 XIX, quae provisio a rege confirmata est. Houard l. c. III, p. 21 Remarques. Hanc constit. Statutis de Marlebridge chap. XXIV esse inserendam putat. Cf. Fleta ibid. §. 16: *et apud Merton fuit inhibitum, ne Firmarii facerent vastum tempore firmarum suarum in Firmis suis, de quo tamen, si quis convictus fuerit, teneat cum poena gravis misericordiae et dampnorum restitutione.*

65) Cf. adn. 264 Annal. de Burt. l. c.

66) Fleta lib. IV, cap. 17 p. 543.

67) Cf. dipl. ad a. 1249 ap. Thorn. p. 1895 §. 8: *et si dictae domus* sqq. Aliter in firma perpetua in dipl. ad a. 1248 (ibid. p. 2107) constituitur: *praedicti vero abbas et conventus S. Aug. omnia onera dictae ecclesiae de Litteburne ordinaria et debita sive per collectam regiam, sive per guerram, sive per ignem in omnem eventum, quid eveniat sustinebunt.* Interitu rei ad firmam datae firmam ipsam exstingui satis patet, licet locator ad id, quod intererit, praestandum teneatur.

assisa novae disseisinae convenitur, perinde, ac si dominium praedii sibi assumpserit[69]). At in ipsa restitutione retentio propter meliorationes easque impensas firmario conceditur[70]) quae solitum modum instaurandi, quem manerium ipsum potest sustinere, excedunt[71]). Quarum impensarum nomine si satisfecerit statim dominus praedium ingrediatur[72]), ne heres, si firma ad terminum vitae firmarii erat, in illud se intromittat. Licet enim tacita relocatio in firma locum non habeat, tamen heres firmarii vel firmarius ipse termino praeterito, dum a domino expellatur[73]), quasi possessor *at sufferance* praedium tenet[74]).

Quibus rebus perpensis, quae ac qualis firmae natura fuerit, ambigi non potest. Satis superque enim elucet, neque cum emphyteusi, neque usufructu neque locatione — conductione Romanorum, neque denique cum contractu iuris Germanici coloniario commutandam eam esse. Neque minus perspicuum habeo, ius firmarii utile dominium immerito vocari[75]). At ius in re certe acquirit, quamquam in praedii possessione non est neque utilem habet vindicationem. Quod quidem ius, si ad mercedem aliaque firmae propria respiciamus, locatio-conductio realis videtur esse.

---

68) Cf. Fleta lib. IV c. 1 §. 8 p. 465.

69) ibid. §. 10 p. 465: *item etiam fit disseisina, cum quis non nisi nudam habens possessionem alteri feod' fecerit, vel liberum tenementum: et si custos hoc fecerit vel firmarius, et statim per verum dominum, vel eius nomine eiciatur donatarius, neuter recuperabit.* ibid. §. 14 p. 466; §. 16 p. 488 disseisientis heres brevi de ingressu convenitur, nisi ipse quoq. disseisinam faciat.

70) Cf, leg. Henrici I. c. LVI §. 3.

71) Cf. Rog. de Hoveden. l. c., qui locus summa auctoritate est.

72) Per breve de ingressu: cf. adn. 269.

73) Cf. Matth. Paris. vit. vig. tr. abb. p. 53. Chronic. Gervasii (Twysden p. 1575) ad a. 1192.

74) Cf. de hac re Blackstone l. c. tom. II c. 10 p. 169.

75) Itaque Richter (lehrb. d. kirchenr. ed. V. §. 154 adn. 14) et Walter (lehrb. d. kirchenr. ed. XI. §. 235 adn. 13) cap. VII. et firmam praecipue non perspexisse, eo apparet, quod ambo (cf. quoq. Brendel handb. d. kirchenr. ed. III p. 930 adn. p.) in hoc conveniunt: *wird das eigenthum getheilt, so folgt das patronatrecht dem nutzbaren Eigenthuemer (namentlich dem emphyteuta und vasallen).*

VII.

Conclusio.

Verum, ut ad quaestionem illam de transferenda advocatione ad firmarium revertamur, quid demum ex rebus de illa allatis colligere possumus? Quum firmae natura prorsus realis sit, quae neutiquam ex tempore pendeat, quum plane appareat, Alexandrum, quae in cap. VII cit. dixit, ratione iuris in re dixisse, quum si ad conductorem ius patronatus tacite transferatur, hoc cum legum ratione pugnare demonstratum sit, quum denique illa ratio omnibus epistulis, quae de iure patronatus in collectione Gregorii exstant, confirmetur, meam supra explicatam sententiam omni ex parte invictam habeo: sententiam, cum praedio ius patronatus annexum tacite non, nisi ad eum transferri, qui ius in praedio possessionemve habeat praedii. Quod quidem ius si dominium praedii est, dominium patronum ipsum reddit; si non est, eodem nihil nisi plenissimus usus iuris patronatus transfertur. Proprietas enim advocationis — ut ita dicam — penes praedii proprietarium remanet. Firma igitur iusta caussa possessionis est, cuius ratione plenus usus plenaque utendi potestas acquiritur. Ergo haec ratio, quae in usufructu, emphyteusi certe locum habet, quum in locatione - conductione cesset: propterque eam caussam, quum nulla alia epistula decretalis, nullus canon exstet, quibus iuris patronatus ad conductorem transitus probari possit, nihil habeo, cur a sententia mea discedam.

Additamenta.

I.

A. Charta de dimissione firmae tempore Aluredi confecta in Kemble cod. dipl. tom. II. p. 110 sqq. dipl. CCCXIII. Aethelred, 883.

— — „Ic Aethelraed ealdorman inbryrdendre godes gefe gewelegod and gewlenced mid sume daele Mercna rices for godes lufan and for alesnessa minra gylta and synna and for benum abbodes and ðaere heoraedene aet Berclea and eac for ealere Merce ic heo gefreoge ecelice ðaes gafoles ðe hio nu get to cynings handa ageofan sceolan of ðam daele the thaer ungefreod to lafe waes ðaere cyningfeorme ge on hlutrum alað. ge on beore ge on hunige. ge hrythrum. ge on swynum. ge on sceapum. — And thaet ic do mid Aelfredes cyninges leafe. and gewitnesse. — — Acta est autem huius donationis munificentia anno dominicae incarnationis DCCCLXXXIII indict. autem I his testibus consentientibus sqq."

B. Leges Canuti regis saeculares cap. LXX (ancient laws p. 177).

„This is thonne seo lithinge the ic wylle eallon folce gebeorgan, the hig aer thyson mid — gedrehte waeron ealles to swyðe. Thaes is thonne aerost, thaet ic bebeode eallun minan gerefan, thaet hi on' minan agenan rihtlice tilian and me mid tham feormian, and thaet him nan man ne thearf to feorm-fultume nan thinge syllan, butan he sylf wille. And gif hwa aefter tham wite crafige, beo his weres scyldig wið thone cyninge."

C. Charta de agro de Sempigaham in Kemble cod. dipl. tom. II p. 46 sq. dipl. CCLXVII [1]). Ceolred, 852.

„In nomine patris et filii et spiritus sancti. Ceolred abbud and ða higan on Medeshámstede sellað Wulfrede ðet land aet Sempiga-

1) Cf. relationem diplomatis in Chron. Anglo-Sax. vol. I. p. 122.

hám in ðás gerednisse; ðet he hit haebbe and brúce suá longe súa he life and ánum aerfeuuearde aefter him; and élce gére sextig foðra wuda to ðaém hám on Hornan ðaem wuda, and twelf foðer graefan and sex foður gerda. End forðon we him ðis land sellað, ðes he ðes landes fulne friodom bigete in aéce aerfeweardnisse aet Sempigahám and a et Slioforda, and brúce dére cirican láfard on Medehámstede ðes landes aet Slioforda, and Wulfred ðes on Sempigahám: and he geselle éghwelce gére tó Medeshamstede tua tunnan fulle luhtres aloð, and tua sleg-neát, and sex hund láfes and ten mittan welces aloð, and ðére cirican laforde geselle éghwelce gére hors and thrittig scillinga and hine áne niht gefeormige fiftene mitta lichtres aloð, fif mitta welces aloð, fiftene sestras liðes: and hí sión symle in allum here life eádmóde and heársume and undertheodde, and ofer tuega daeg ðonne ágefe hió ðet land intó ðére cirican tó Medehámstede mid frodóme; and we him ðis sellað mið felda and mid wuda and mid fenne súa ðer to belimped" — — —

Anno vero dominicae incarnationis DCCCLII ind. XV.

II.

A. Bulla Innocentii IV papae abbati et capitulo Sancti Edmundi monast. a. 1249 missa. (Thorne l. c. p. 1898.)

„Innocentius episcopus etc. Dilectis filiis abbati et priori S. Edmundi etc. Sicut dilecti filii abbas et conventus monasterii S. Aug. Cantuariae sua nobis petitione monstrarunt, quod tam idem abbas et conventus quam praedecessores eorum, ecclesias, redditus, possessiones, maneria, pensiones et quaedam alia bona dicti monasterii datis super hoc literis et interpositis iuramentis, nec non et poenis adiectis in enormem laesionem ipsius, nonnullis clericis et laicis, aliquibus eorum ad vitam, quibusdam vero ad non modicum tempus et aliis perpetuo ad firmam vel sub censu annuo concesserunt, quorum aliqui super his literas confirmationis in forma communi a sede apostolica impetrarunt: nos itaque dictorum abbatis et conventus supplicationibus inclinati, discretioni vestrae per apostolica scripta mandamus, quatenus ea quae de bonis eiusdem monasterii per confessiones huius monasterii alienata inveneritis illicite vel distracta, non obstantibus praedictis iuramentis, poenis et literis seu confirmationibus ad ius et proprietatem ipsius studeatis legitime revocare, contradictores per censuram ecclesiasticam appellatione postposita compescendo."

Clementis IV bulla N. decano ecclesiae de Wimpina a. 1268 a. d. IV a. Nonas Maias (Mone l. c. 187 tom. IV)[2]).

„Clemens ep. S. S. D. dilecto f. N. decano ec. de W., Wormaciensis dioecesis, salutem et apostolicam benedictionem. Ad audientiam nostram pervenit, quod tam dilecte in Christo filia-abbatissa et conventus monasterii de Cimern, Cisterciensis ordinis W. dioecesis, quam ille, que ipsas in dicto monasterio processerunt[3]), terras, possessiones, redditus, census, decimas, vineas, grangias, nemora, prata pascua, iura, iurisdictiones et quaedam alia bona eiusdem monasterii, datis super hoc literis interpositis iuramentis, factis renuntiationibus[4]), confectis exinde publicis instrumentis et poenis adiectis, in gravem eiusdem monasterii laesionem, nonnullis clericis et laicis aliquibus eorum ad vitam, quibusdam vero ad non modicum tempus et aliis perpetuo ad firmam, vel sub censu annuo[5]) concesserant quorum aliqui super his confirmationis literas in forma communi a sede apostolica impetrasse dicuntur. Cum igitur nostra intersit[6]) laesis monasteriis subvenire, discretioni tuae per apostolica scripta mandamus quatenus ea, quae de bonis eiusdem monasterii per concessiones huiusmodi alienata inveneris illicite vel distracta, non obstantibus literis, instrumentis, iuramentis, poenis renuntiationibus et confirmationibus supradictis, ad ius et proprietatem ipsius monasterii legitime revocare procures, contradictores per censuram ecclesiasticam appellatione postposita, compescendo. Testes autem, si fuerint nominati etc.“

B. Concilii Westmonasteriensis habiti a. 1175 canon „ex „decretis diversorum patrum“. (Wilkins l. c. I. p. 478)[7]):

---

2) Cf. cum hac bulla aliam Martini IV a. 1281 ad idem monasterium (Mone l. c. IV p. 189) et bullam Nicolai IV (Haltaus l. c. verb. Pacht).

3) Bull. Martini: „decimas, terras, domos vineas, prata, pascua, nemora, molendina, piscarias, iura iurisdictiones, *maneria* [cf. supra bull. Innoc. ad h. l.] possessiones et quaedam alia bona.

4) Martin. omittit hoc: „conf. a. p. instr.“

5) Martin.: „concesserint.“

6) Martin.: „super hoc de oportuno remedio providere.“

7) Cf. cap. VI. X ne clerici vel monachi (III, 50) Alexander Londonensi episcopo: „Secundum instituta praedecessorum nostrorum sub int. anath. prohibemus, ne monachi vel cler. c. lucri negotientur, et ne mon. vel a clericis vel a laicis suo nomine firmas habeant, neque laici ecclesias ad firmam teneant.“

„Secundum instituta patrum nostrorum sub interminatione anathematis prohibemus, ne monachi vel clerici causa lucri negotientur; et ne monachi a clericis vel laicis firmas teneant; neque laici ecclesiastica beneficia ad firmas suscipiant“.

C. Alexandri III. Bulla „ne beneficiati nostri tradant ecclesias ad firmam“, missa abbati et conventui S. Aug. Cantuariens. mon. (Hist. mon. S. Aug. C. by Thom. of Elmham p. 440.)

„Alexander ep. S. S. D. abbati S. Augustini C. salutem et apostolicam benedictionem. Audivimus et audientes nequivimus non mirari, quod quaedam ecclesiarum monasterii tui per clericos annuatim pretio distrahuntur; unde contingit quod propriis possessionibus defraudantur et quod gravius est, decenter in eis Divina officia minime agantur. Unde quoniam quod perperam ab aliis agitur nobis imminet sollicite corrigendum, auctoritate apostolica prohibemus, ne aliquis clericorum tuorum commissam sibi ecclesiam cuiquam ad firmam assignet. Quod si fecerit liceat tibi eum usque ad satisfactionem congruam ecclesiae beneficio auctoritate apostolica spoliare“.

D. Alexandri III bulla, „quod Sacristia vel Cameraria non tradantur ad firmam sine consensu capituli a. 1179, V a. cal. Jun. (Histor. mon. S. Aug. Cant. p. 426.)

„Alexander ep. S. S. D., capitulo S. Augustini Cantuar. salutem et ap. ben. Nostrae sollicitudinis est et officii pro universarum ecclesiarum statu satagere et ea, quae in ipsis indiscrete fiunt, providentia sedis apostolicae omnino cassare, ut sub cura et regimine nostro singula vestra beneficia in bono statu cooperante Domino perseverent et ea praesertim, quae vestris propriis usibus sunt deputata. Ea propter, dilecti in Domino filii, vestris iustis postulationibus gratum impertientes assensum, ne quisquam abbas sive praelatus ecclesiae vestrae sacristiam vel camerariam absque consensu totius capituli, ad firmam dare, vel sibi usurpare praesumat praedictam sacristiam et camerariam devotioni vestrae auctoritate apostolica confirmamus et praesentis scripti patrocinio communimus; statuentes, ut nulli omnino homini liceat hanc paginam nostrae confirmationis infringere vel ei aliquatenus contraire. Si quis hoc attentare praesumpserit, indignationem omnipotentis Dei et beatorum Petri et Pauli apostolorum eius se noverit incursurum“. (Data Anagniae V. Cal. Iun.)

III.

A. Charta CCL (de Elmora et de Pucelecrofth) in cartulario monasterii S. Petri Gloucestriae p. 294 sq.

„Notum sit omnibus quod ego H., Dei gratia abbas et conventus S. P. Gloucestriac, tradidimus P. B. duas virgatas terrae in Fromptone, quas R. de F. dedit ecclesiae nostrae; tenendas de nobis ad firmam tantum in vita sua. Reddendo inde nobis annuatim duas libras piperis ad festum S. Michaelis pro omni servitio, excepto servitio regali, de quo idem P. nos aquietavit. Pro hac conventione idem P. remisit nobis X solidos, qnos ei annuatim quamdiu viveret, debebamus. Si vero idem P. dimisso aliorum servitio nobis servire voluerit in certo et libero servitio, dabimus et corredium unius liberi servientis, et praedictae duae virgatae erunt ei loco solidatarum, ita tamen quod praedictas duas libras piperis nobis annuatim persolvet. Si autem praedictas duas virgatas terrae eidem P. warantizare non poterimus, reddemus ei decem solidos annuos sicut reddere consuevimus. Idem vero Petrus iuramentum nobis praestitit quod fidelis erit ecclesiae nostrae et quod nec artem nec ingenium per se vel per alium exquiret, unde domus nostra per tenuram suam damnum incurrat."

„In cuius testimonium praesens scriptum in modum cyrographi confecimus, cujus unam partem, sigillo ecclesiae nostrae roboratam, praedicto Petro tradidimus. alteram vero partem sigillo eiusdem Petri munitam penes nos retinemus".

B. Charta CCLIV. (Lettrintone) ib. p. 356 sq. (a. 1205—1224).

„Notum sit omnibus, tam praesentibus quam futuris, quod ego Ylbertus de G. tradidi ad firmam domino Henrico abbati Glouc. et eiusdem loci conventui, totam terram de Lettrintone cum omnibus pertinentiis suis, quam ego habui ad firmam de W. de Let.; habendam et tenendam eisdem abbati et conventui et eorum successoribus de me et haeredibus meis a die de hokeday anno ab incarnatione domini millesimo ducentesimo septimo decimo in quatuordecim annos; faciendo solummodo forinsecum servitium quantum ad terram illam pertinet, quia idem abbas et conventus mihi pacaverunt prae manibus totam firmam quam mihi reddere deberent singulis annis, quamdiu terminus ille quatuordecim annorum duraret. Si vero praedictum W. de L. mori contigerit infra praedictum terminum quatuordecim annorum et Alicia uxor eiusdem W. reciperet partem praedictae terrae nomine dotis, praedicti abbas et conventus residuum terrae cum omnibus pertinentiis tenebunt per sex annos post praedictos quatuordecim annos quietum ab omni servitio excepto forinseco servitio. Et si praedictus W. de Littrint., qui terram praedictam tradit ad firmam adhuc duraturam, per praedictum terminum quaetuordecim annorum, recipiat terram illam ad finem praedictorum quatuordecim annorum vel in fine praedictorum sex annorum sequentium, idem abbas et conventus habebunt proximum croppum sequentem. Praeterea ego tradidi eisdem abbati et conventui ad firmam unam virgatam terrae cum omnibus pertinentiis suis Littret., quam habui ad firmam de Alueredo Barath; habendam et tenendam eis de me et heredibus meis a die de hokeday anno ab incarnatione Domini millesimo ducentesimo septimo decimo in tresdecim annos. Reddendo per annum duodecim penarios, quam ipsi firmam mihi pacaverunt prae manibus de toto termino et ego et haeredes mei warantizabimus praedictis abbati et conventui et eorum successoribus contra omnes homines et feminas, usque ad praedictos terminos, totam praefatam terram cum pertinentiis, scilicet tam illam, quam habui ad firmam de Alueredo Barath."

„Et ut haec conventio rata permaneat et inconcussa, eam sigilli mei appositione roboravi."

IV.

A. Rectitudines singularum personarum (ancient laws and instit. p. 188) i. f.[8]).

„Leges et consuetudines terrarum sunt multiplices et variae sicut praelibavimus, nec sancitum hoc super omnes dicimus generale. Notificamus tamen quid in quibusdam locis sit observare; si melius innotoscat, gaudenter amplectimur et custodiri volumus iuxta mores populi cum quo tunc habitabimus. Leges debet in populis libenter addiscere, qui non vult in patria solus amittere. In quibusdam locis datur firma natalis Domini et firma Pashalis et firma precum ad congregandas segetes et gutfirma ad arandum et firma pratorum fenandorum et hreaccroppum i. e. macholi summitas et firma ad macholum faciendum. In terra nemorosa lignum plaustri; in terra uberi caput

8) Omitto text. Anglo-Sax. cf Anc. laws l. c.

macholi: et alia plurima fuerint a pluribus, quorum hoc viaticum est et quod supra diximus".

B. Charta de firma de Amenel in Cartul. mon S. P. Gloucestriae p. 166.

„Noverint universi praesens scriptum visuri vel audituri, quod ego Stephanus de Harehulle, pro salute animae meae et omnium antecessorum et successorum meorum, resignavi et quietum clamavi pro me et pro heredibus meis, abbati et conventui Glocestriae, totum ius firmae vel pignoris, quod habui in manerio suo de Amenel et pertinentiis eiusdem cum omni melioratione superposita et cum tota imbladatura; ita quod nec assignati vel executores mei ratione firmae vel pignoris, aliquid ab eisdem exigere possimus".

„In cuius rei testimonium, praesens scriptum sigillo meo signatum una cum scriptura, quam de firma dicti manerii penes me habui, sigillo eorum signata eisdem tradidi".

THESES.

I. *In fr. VIII de iure fisci lacunam post verba* litigiosam a *ita explendam esse, ut* non possidente *interponatur.*

II. *Tempore ad opponendam exceptionem de non numerata pecunia praeterlapso, debitor si velit probare, pecuniam sibi numeratam non esse, audiendus est.*

III. *In fr. XI §. XVIII. D. de A. E. et V. Ulpianum et Iulianum non dissentire contendo.*

IV. *Iure canonum et adulterinos et incestuosos per subsequens matrimonium legitimari posse.*

V. *Errare eos, qui heredem in obligationem ex iureiurando natam succedere negent.*

VITA.

Natus sum Ad. Ed. Lud. Gust. Wach a. d. III. Id. Septb. a. h. s. XLIII Culmae, Borussiae occidentalis, patre Adolfo, quem iam infanti mihi morte ereptum esse gravissime moeror, matre Gustava, e gente Suchland. Fidem profiteor evangelicam. Gymnasium illius urbis sub auspiciis directoris Lozynski viri amplissimi usque ad a. LXI adii. Auctumnali autem tempore, testimonio maturitatis accepto, per octo semestria in tribus deinceps academicis Berolinensi, Heidelbergensi, Regimontana professorum doctorumque illustrium Rudorff, Gneist, Berner, Beseler, v. Holtzendorff, Werder, Lepsius, Droysen, v. Vangerow, Renaud, Mittermaier, Haeusser, Sanio, Jacobson, John, Schirmer, v. Kaltenborn, Gueterbock, Laband, v. Martitz scholis interfui. Seminariorum praeterea professorum ICtorum Sanio et Jacobson sodalis fui.

Tandem Kal. Mart. h. a. ad summos in utroque iure honores rite capessendos, dissertatione mea de iuramento promissorio comprobata, ab ordine ICtorum Regimontano amplissimo benigne mihi aditus patefactus est. Textibus igitur illustratis, quorum unus hoc libello in lucem editus est, examen rigorosum sub auspiciis decani spectabilis Sanio a. d. III. Id. Oct. absolvi.

Errata graviora.

3 v. 10 pro „praetermittantur“ l. „praetermittuntur“.
3 v. 11 „ „tanpore“ l. „tempore“.
4 v. 11 „ „iuvenias“ l. „invenias“; v. 12: pro „Eteium“ l. „Etenim“.
4 v. 13 „ „reptere“ l. „repetere“; v. 12 infr. ante „illorum“ suppl. „contra“.
4 v. 10 infr. pro „supra“ l. „infra“.
12 adn. 35 v. 4 pro „ford“ l. „food“.
15 v. 10 pro „videntur. Quamquam“ l. „videntur, quamquam“.
15 adn. 58 v. 2 pro „Olderici“ l. „Orderici“; v. 4 pro „Hunti-“ l. „Huntin-“.
21 „ 79 v. 6 inf. pro „insolitum“ l. „insolita“.
22 „ 82 v. 3 post verb. „war“ suppl. „ut“; pro „in“ l. „et“.
25 „ 98 v. 4 pro „13“ l. „18“.
26 v. 19 pro „ab iamiam officio“ l. „ad officii“.
26 v. 7 post „una“ suppl. „tantum“.
26 v. 15 pro „oecumenciis“ l. „oecumenicis“.
28 v. 6 „ „speci“ l. „specie“.
29 adn. 17 v. 8 infr. pro „cantione“ l. „cautione“; v. 6 infr. pro „stastut“ l „statut“.

This book is a preservation photocopy.
It was produced on Hammermill Laser Print natural white,
a 60 # book weight acid-free archival paper
which meets the requirements of
ANSI/NISO Z39.48-1992 (permanence of paper)

Preservation photocopying and binding
by
Acme Bookbinding
Charlestown, Massachusetts
1995

CPSIA information can be obtained
at www.ICGtesting.com
Printed in the USA
LVOW03s0253301115
464636LV00014B/258/P

9 781147 54206